Gereon Klug

Low Fidelity

Gereon Klug

Low Fidelity

Hans E. Plattes Briefe gegen den Mainstream
+ Bonüsse

Mit Illustrationen
von
Stephanie F. Scholz

Vorwort
von
Jenni Zylka

HAFFMANS ▌▌ TOLKEMITT

Deutsche Erstausgabe

1. Auflage, August 2014.

© 2014 Haffmans & Tolkemitt GmbH,
Inselstraße 12, D-10179 Berlin
www.haffmans-tolkemitt.de

Lektorat: Heiko Arntz, Wedel.
Umschlaggestaltung: Studio Ingeborg Schindler, Frankfurt/Berlin.
Herstellung & Produktion von Urs Jakob,
Werkstatt im Grünen Winkel, CH-8400 Winterthur.
Satz: Fotosatz Amann, Memmingen.
Druck & Bindung: Ebner & Spiegel, Ulm.
Printed in Germany.

ISBN 978-3-942989-76-3

Datum: 14. Juli 2014 23:34:49 MESZ
Von: jennizylka@berlin.de
An: lowfidelity@haffmans-tolkemitt.de
Betreff: Ein paar Anmerkungen vorab

Was für eine Art ein Mensch lässt im Jahr 2006 einen
Birkensamen in den Tresen seines Ladens einmauern,
damit der eines Tages die Steine wegschiebe? Anstatt,
wie andere anständige Bauherren, dort einen Milchzahn,
ein Mafiaopfer, eine niedliche alte D-Mark zu hinter-
legen?! Und dann heißt der Mensch auch noch Hans.
Den Namen trägt ja eigentlich niemand mehr, nur böse
Teutonen in US-Historienfilmen, die an neuralgischen
Spannungspunkten »Aktung!« rufen.

Seit 2008 tröpfeln einem zudem mehr oder minder
regelmäßig Hans E. Plattes merk- und denkwürdige
Hanseplatte-Newsletter in den Spam-Ordner, die man
gar nicht schnell genug dort hinausziehen, mit »Hohe
Priorität!«-Symbol taggen und am nächsten Morgen
direkt noch einmal nüchtern und laut lesen kann. Sie
erzählen von einer musikalischen Hanseatenszene, neben
der Berlins paar Hundert Beats per minute sich anhören
wie das Trommeln eines Einarmigen mit Muskel-
schwund, und in der man die Sterne, Heino Jaeger, die
Goldenen Zitronen und Jan Delay wiederfindet, dazu
kleidsame DJ-Koze-T-Shirts oder Heinz Strunks Kurz-
hörspielcompilation mit dem Titel »Mit Hass gekocht«.

Das Beste ist: Man bekommt nicht mal mit, dass man
gerade Opfer einer Werbekampagne wird. Denn es ist

eine Pracht, was jener mysteriöse Autor, der angeblich aussieht wie eine Mischung aus Gerhard Klarner und Cameron Diaz, so alles nonchalant zusammenwirft, Höcksken, Stöcksken, Regen, Traufe, dazu echte Anti-Witze und Parodien von Parodien von Parodien. Hinten und unten raus kommen erratische Preziosen über das Leben, garniert mit zwingenden Hinweisen auf den Hamburgsound, der in der Hanseplatte darauf wartet, dem neugierigen Touristen, dem solidarischen Nachbarn, der echt coolen Hipstersau ans Herz gequatscht zu werden.

Wer ist also dieser Typ mit dem geheimnisvollen Mittelinitial »E« wie Egoshooter, Elektrizität, Eleganz? Ist er ein international man of light musery? Gottes Antwort auf sakkotragende Feuilletonisten? Oder doch, wie einige glauben, ein entflohener Sträfling aus Südniedersachsen? Fest steht, dass mittlerweile 30 000 Abonnenten und -innen seine Briefe lesen, ausdrucken und mit Kühlschrankmagneten über die Kinderfotos pappen, dass Hans E. Platte bereits einschlägige Erfahrungen mit dem Hamburger Plattenlabel »Nobistor« gesammelt hat, dass er Liebes-, Hass- und – wohl von Tourettekranken – Obszönitätenbriefe bekommt und dass er 2013 merkwürdigerweise einen »Silbernen Nagel« des ADC, des »Art Directors Club« in die steinernen Wände seines Domizils geschlagen hätte, wenn er nicht so ungeschickt wäre. (Den Nagel gab's für gesprochene Versionen seiner Newsletter.)

Hans E. Platte also, den muss man lesen, wenn man Kultur liebt, aber nicht bereit ist, dafür Längliches,

Gleichförmiges, Typisches und Deskriptives in Kauf zu nehmen. Denn Hans, der von seinen Freunden nie Hansi genannt wird, schüttet mit jedem Brief ein Füllhorn voll Urigkeiten über ahnungslose Musikfans aus, die eigentlich nur wissen wollten, ob das neue tolle Jacques-Palminger-Machwerk schon da ist oder ob es das Andreas-Dorau-T-Shirt auch mit Brustabnähern und V-Ausschnitt gibt. Stattdessen lesen sie sich alle Nase lang an etwas fest, das dem japanischen Haiku schon recht nahekommt, etwa: »Auch unsere Gerüchteküche kostet Miete.« Oder: »Tabus sind für mich kein Tabu.«

Am Ende hat man tatsächlich eine Menge Musiktipps eingesammelt, ist zum heimlichen Quizduell-Gewinner in der Rubrik »Hamburgsound« geworden, ohne es zu merken, denn das ist der Trick des bislang von Nicht-Abonnenten zwangsweise verkannten und hiermit endlich auf die nötige Größe aufgepusteten Schriftstellers: Er arbeitet mit Mindmapping. Er hängt wichtige Informationen (welcheR Hamburger KünstlerIn hat was veröffentlicht) an Bilder, die man sich endlich einmal merken kann.

Er hat den gemeinen Newsletter aus seinem Schattendasein als besser layouteter Supermarktflyer herausgeholt, ihn zu einem Symbol für die Vielfalt im Underground von der Waterkant gemacht und ihn damit zu einer neuen Kunstform erhoben. Wer's nicht glaubt, blättert jetzt um zu einer selektiven Auswahl der letzten Jahre. Wer's doch glaubt, kann schon mal anfangen zu kichern.

Jenni Zylka

Datum: 4. März 2009 01:37:26 MEZ
Von: neuesvonder@hanseplatte.de
An: alle@dadraussen.de
Betreff: Tocotronic + Zwanie Johnson + Thees Uhlmann + Mediengruppe Telekommander

Lieber süßer Kunde, liebe sweete Kundin.

Du kannst gut zuhören, das wissen wir, Du zarte Knospe der menschlichen Lebensblüte. Du bist so empfindsam wie eine Elfe, die auf einer katholischen Privatschule war. Stets filterst Du Dein Zahnputzwasser, jede Wiese nutzt Du zum Herumtollen und für Dein selbstgemachtes Softeis aus Schmelzwasser bist Du echt bei Deinen Friendpeoples berühmt.

Alle mögen Dich und Deine kaschmirige Ambivalenz. Auch wir.
Wir schätzen Deine katzenhaften Bestellungen, Deine tänzelnden Bankeinzüge, überhaupt Deine ganze kilometerweit reichende, nach Zuckerwatte riechende Aura, wenn du am Appelchen dies liest.

So lass Dir doch Gutes widerfahren!
So lese Du doch unsere neuen Empfehlungen!
Gefühliger werden wir dieses Jahr nicht mehr.

Zuerst ein liebevoller Blick in die stets rosarote Vergangenheit: Der fleischgewordene Augenaufschlag der Hamburger Schule Tocotronic veröffentlicht sein Meisterwerk »Digital ist besser« wieder! Natürlich auf dem Stoff für schmusige Opas, auf Vinyl.

Dann unser wärmflaschenwarmer Tipp des Monats: Zwanie Johnson! Der nennt seine Platte gleich »I'm A Sunshine« und entspannter, beseelter, herzenöffnender wirkte seit Zwanies letzter Platte auch kein im Mondlicht mümmelnder Karnickelhase auf einer Verkehrsinsel nahe der Reeperbahn.

Willst Du ein bisschen Krokant in Deinem Sahnepudding, so greife zu Thees Uhlmann. Der hat nicht nur fast mit der rehäugigen Liv Ullmann den Namen und diese gewisse unfassbar federnde und possierliche Moosigkeit gemeinsam, sondern auch noch Songs, die Dir ins Gemüt winken wie ein opaker Flügel eines Riesenkolibris-Kuckuckskindes.

Zuletzt noch etwas aus dem stets mit dem streichfähigen Fluidum der harten Realität benetzten Portfolio von Audiolith und Staatsakt: der Mediengruppe Telekommander neuestes Werk – ein pittoreskes Mahnmal verrückter musikalischer Salbenhersteller. Essentiell!

Darauf einen Rooibostee!
Mit vor Sinneslust geschwollenen Grüßen:
Ihr Hans Emoticon Platte

Datum: 8. April 2009 13:45:30 MESZ

Von: neuesvonder@hanseplatte.de

An: alle@dadraussen.de

Betreff: DJ Kozes Pampa * Dendemann * Bratze * Deichkind * Dial 2010 etc.

Liebe intellektuelle Crème Brûlée.

Nach 14 Tagen (!) ohne einen einzigen Hanseplatte-Newsletter vermodern die ganzen schönen unbenutzten FORMULIERUNGEN hier auf unserem Schreibtisch – das ist wirklich kein schöner Anblick. Man könnte Tränen weinen.

Anpreisungen wie »Heiner Lauterbach empfiehlt: Skat« zum Beispiel. Ein Spitzensatz, eindeutig, aber wozu ist er gemacht?

Oder Wortspiele wie F(OR)EVER. Auch nicht schlecht. Hat das schon jemand geschrieben? Wo kann man das verwenden? Und da, da liegt auch noch der Gag »Vom Ausschlafen bedroht«, haha.

Passt aber ja ALLES nicht zum Tonträgeranpreisen! Da gibt es keine schönen Sätze mehr. Alle schönen Sätze sind geschunden und aufgebraucht vom INTRO oder von ECKART VON HIRSCHHAUSEN. Und diese Galgenvögel hat man sich selber ins Haus geholt. Sei's drum.

So, jetzt zu den tollen neuen Platten hier in der HANSEPLATTE – en bloc, wie französische Volleyballer es sagen:

* DJ Kozes Pampa-Label hat nach der irren DIE VÖGEL-Maxi eine zweite rausgehauen: JACKMATE!
* DENDEMANN endlich seine 7".

* BRATZE von Audiolith eine LP/CD, die DEICH-KINDER eine tolle Compilation zu Ehren ihres verstorbenen Produzenten Sebi.

* Das Hamburger Label DIAL eine großartige Werk-schau namens »Dial 2010«, FELIX KUBIN eine DVD, UNION BEULSHAUSEN eine neue CD. KAPELLE HERRENWEIDE, KOSMO KOSLOWSKI, SAMY DELUXE LIVE ... HEINZ STRUNK, PUDEL PRO-DUKTE, PALMINGER ... Undundund.

Und bitte denkt dran: Das Atlantis eurer Seelen wird niemals untergehen!
Wenn das kein schöner Satz ist. Schön im Sinne von »schön« wie Mütter es meinen.

Euer zukünftiger Poet Hans E. Platte

Datum: 9. Mai 2009 23:00:29 MESZ
Von: neuesvonder@hanseplatte.de
An: alle@dadraussen.de
Betreff: TURBOSTAAT!!! DENDEMANN
(+ exklusiver Best-Of-Mix-CD)!!!!

Guten Tag, Herr oder Frau,

heute schon GEMEINT? Eine MEINUNG gehabt? Zu irgendeinem Thema? Etwa zu den Lederhosen des Teufelsgeigers David Garrett? Zu 20 Jahren SternTV oder zu den Personen (?) Merkel/Messi/Malcom McLaren? Oder (die Nerd-Variante) zu Guru Josh, dem Runterfallschutz beim iPad oder Silhouetten von Pferden, die genau dann über Autobahnbrücken reiten, wenn man drunterlängs fährt?
Sie nicken seufzend und bestätigend mit dem Kopf? Jahaha, soooo einfach ist MEINEN ja nun nicht. Es strengt an. Unser Tipp: Nicht immer nur selber MEINEN. Man kann auch mal die anderen MEINEN lassen.

1. Zum Beispiel SPIEGEL online über TURBOSTAATs »Vormann Leiss«: »Wenn man auch nur eine einzige deutsche Band immer und immer wieder für ihre Songtitel loben muss, dann Turbostaat. Wir denken zurück an DREI ECKEN – EIN ELVERS, an ARSCHKANONE, DER FROSCH HAT'S VERSAUT, WARTEN AUF FLITZI und DIE STULLE NACH DEM SCHISS. Die neue Platte fügt FRAUKES ENDE, PENNEN BEI GLUFKE und URLAUB AUF FUHWERDEN (ERWÜRG MICH IM MAISFELD) hinzu.«

Und die neue Platte ist – muss man hinzufügen – spitze eins.

2. Oder man beachtet, was amazon-Kritiker »DocJoe« aus Wesel zur neuen DENDEMANN meint: »Jeahh he is back … Dendemann OLD SCHOOL, sehr geiles Album, genau das, was man von Dende erwartet … Hamburger Sound war schon immer geil! Super dass Dendemann wieder am Start is – ich hoffe es ist der Auftakt zu einer Serie von neuen geilen Sounds aus HH!!«
Keine schlechte Meinung!
Achtung: Die neue Dende gibt es NUR BEI UNS mit unveröffentlichter Best-Of-Dende-Mix-CD.
So, viertel vor elf abends. Genug gemeint.

Viel Spaß mit meiner Deinung!

Ihr Meinungsführer Hans E. Platte

Datum: 30. Juni 2009 13:28:04 MESZ
Von: neuesvonder@hanseplatte.de
An: alle@dadraussen.de
Betreff: Michael-Jackson-Platten gesucht!

Hallo Fans.

Auch die HANSEPLATTE trauert um den begnadetsten weißen bzw. schwarzen Sänger der Welt: Michael Jackson, der auch in seiner kurzen Zeit in Hamburg deutliche Spuren hinterließ. Zu seinen Ehren wollen wir ein Memorial-Schaufenster einrichten. Dafür suchen wir noch einige rare Schallplatten und CDs aus Jacksons Hamburger Ära. Vielleicht hat die jemand und kann sie uns leihweise zur Verfügung stellen? Im Einzelnen suchen wir folgende Tonträger:

1. Michael Jackson: »Beat it« im Beatclub! Live in Hamburg 1982 (7")

2. Michael Jackson: »Schuld allein war der Boogie« (Deutsche Original-Version von »Blame it on the boogie«) (7")

3. Michael and Joe Jackson: Deadie Cool/Beat it (CD)

4. Michael Jackson & Jochen Distelmeyer: Ebony and Ivory (»Du schwarz!« – »Ich weiß!«) (LP)

5. DJ Koze feat. Michael Jackson: The Jackson pfeift (12")

6. Lotto King Karl with Michael Jackson: Hamburg meine Perle vor die Säue (7")

Bitte einfach vorbeibringen, wir zahlen natürlich eine Leihgebühr. Danke!

Ever Neverland!
Hans E. Platte

Datum: 15. April 2010 10:58:08 MESZ

Von: neuesvonder@hanseplatte.de

An: alle@dadraussen.de

Betreff: Free MP3s: Pascal Fuhlbruegge ** Kristof Schreuf **
Hans Unstern

Moin moinsen,
heute fragen wir SIE mal was! Stellen Sie sich folgende
Situation vor: Sie wollen, dass ein legendärer Sänger aus
Hamburg bei Ihnen im Laden spielt. Kristof Schreuf zum
Beispiel, seines Zeichens Sänger bei der L'Age D'Or-Band
Kolossale Jugend und bei Brüllen. Sagen wir mal, in der
HANSEPLATTE soll er spielen. Sie fragen ihn also. Und
bekommen eine Antwort.
Diese:

»Ich mag die Hanseplatte. Zum Auftritt bei euch: Ich
finde es immer spannend, irgendwohin zu fahren. Jedes
Mal sehe ich Leute, die ich noch nie gesehen habe, für
mich ist es Mal um Mal eine Herausforderung. Das
nützt dem Konzert am Abend. Doch in Hamburg ist es
mit der Herausforderung nicht so selbstverständlich.
Das liegt ganz und gar nicht an den Veranstaltern, am
Publikum oder an den Orten, wo Musik gemacht wird.
Es liegt, leider, an mir. Bei Auftritten in Hamburg fühle
ich mich überall ZU WOHL in der vertrauten Umgebung. Damit ich hier Betriebstemperatur erreiche,
bräuchte es Leute, die mir feindlich gesinnt sind, mich
wüst beschimpfen und anpöbeln. Gute Freunde und
Bekannte sowie Menschen, die womöglich sogar die
Musik von mir mögen, lassen mich in Hamburg schwach

werden. Deshalb möchte ich erst mal lieber nicht bei euch spielen.«

Was würden Sie dazu sagen?
Genau. Sie würden sicher wie wir ausrufen: »Das ist die beste Absage, die wir je hörten! Was für ein geiler Typ, den müssen wir einladen!« Und das Spiel beginnt von vorne.
Seine neue und erste Soloplatte jedenfalls ist genau so! Genau so schön/harsch, so outstanding, so toll, so bitter-sweet: »Bourgeois with Guitar« heißt sie.

**

Ebenso großartig ist die neue Solo-CD seines alten Buddies Pascal Fuhlbrügge, einem weiteren Gottvater/Weichensteller/Schuhanzieher der Hamburger Schule. Er hat als Gäste auf seinem analog/digitalen Meisterwerk »Enthusiasm« Thomas Mahmoud (Von Spar) und Elena Lange (Stella) mit dabei. Ein Pflichtkauf!

**

Und es gibt wieder was Neues von Staatsakt: HANS UNSTERN! Andreas Spechtl von der Gruppe JA, PANIK! schreibt uns und Ihnen dazu: »Ein staubiges Europa ist das Interieur dieser Platte. Ein letzter Gruß von den Straßen einer zerfallenden Welt … Es ist diese Ungreifbarkeit, die die Aufmerksamkeit schärft, nach der jeder Ton verlangt.«

Wir wünschen eine grätenfreie Woche!

Ihr Hans E. Platte

Datum: 26. April 2010 14:16:32 MESZ
Von: neuesvonder@hanseplatte.de
An: alle@dadraussen.de
Betreff: St. Pauli 100 5CD-Box! * Gisbert-Magnete *
Ankershirts * I-Fire

Liebe Aus-Hüfte-Schießer!
Geschätzte 100 und gefühlt 1 Meter von unserem Geschäft
HANSEPLATTE entfernt liegt das St.-Pauli-Stadion.
Verschrobene Sitten herrschen dort – man schnallt nicht
richtig, was das alles soll mit dem sympathischen Gema-
che da drüben. Bei einer Ecke rasseln alle mit ihren
hochgereckten Schlüsselbunden, ein Tor wird mit dem
Anfangs-Riff von BLURs »Song 2« begrüßt und Bier kip-
pen die Fans sich direkt auf die Zunge oder Menschen
aus Städten mit Stadtteilen wie Lichtenhagen in den Kra-
gen. Ein großes Hallo ist das alle 14 Tage! Dazu kommt,
dass es bei St. Pauli mal einen Torwart gab, der als ausge-
wiesener Velvet-Underground-Fan in der SPEX sogar
die Singles besprach (Volker Ippig), Bela B. und Kettcar
zum Jubiläum aufspielen und 99% aller Kurvengänger
eine oder zwei Slime-Platten zu Hause nass abspielen.
Popmusikaffine Gründe genug, zum 100-jährigen Jubiläum des Vereins die weltweit größte Song-Sammlung,
die jemals für einen Verein zusammengetragen wurde,
erscheinen zu lassen: ST. PAULI EINHUNDERT. 100
Songs von 100 Bands auf 5 CDs. Das Boxset ist streng
limitiert und wird nur in einer Auflage von 1910 Stück
hergestellt (von denen 410 bereits an die Bands etc. weg-
gegangen sind).
Darauf einen Leonardo Manzi!
Ihr Hans E. Platte

Datum: 1. Mai 2010 13:23:22 MESZ
Von: neuesvonder@hanseplatte.de
An: alle@dadraussen.de
Betreff: Essen als Weg. Zum 34. Todestag von ELVIS PRESLEY.

Sein Todestag jährt sich diese Woche: Elvis Presley. Der King. Elvis the Pelvis. Aus aktueller Elvis-Forschung wurde uns die Wahrheit über die Fresssucht des Kings zugespielt, die die genussfeindliche Holzpresse gerne unterschlägt.

Die heimische Küche
Elvis wurde im Winter ohne Haare und Zähne in ärmlichen Verhältnissen in Tupelo am Mississippi geboren. Kein Wunder, dass die karge Küche zu Hause seine Essgewohnheiten stark prägte: Maisfladen, Buttermilchbrötchen und »Bratensauce ohne alles« waren auch in späteren Jahren, als Elvis sich längst drei Avocadoschälmaschinen von Manufactum leisten konnte, für den King ein minütliches Vergnügen. Oft verlangte der schwerreiche Sänger aus rein nostalgischen Gründen sogar in die Löffel ein Loch zu machen und den Gabeln einen Zinken abzubrechen: »Ich will, dass es so ist wie bei uns in der Holzhütte damals!«, erregte er sich dann. Insofern auch kein Wunder, dass ihm später seine Frau Priscilla weglief: Auf Elvis' Anweisung hatten die Bediensteten ihr den Mund halb zugenäht.

Butter dazu
Eine besondere Leibspeise waren für den King die berühmten »Gefüllten«: rosinenpanierter Schweinebraten

im Speckmantel, gestopft mit ausgehöhlten Erdnüssen, die mit zerlassener Butter mit zusätzlichen Fettmolekülen gefüllt sind – ein solches Gericht gehörte ebenso zu dieser Palette wie die Schokostufentorte mit Puddingmantel zu geschmälzter Zucker-Pie-Biscuit-Paste. Wichtig war für Elvis allein, dass seine angefaulten Zähne mehrere Schichten durchschlagen mussten. Denn psychologisch gesehen war Elvis ein Schichttyp, der sich mehrere Häute zulegte, um nicht verletzt zu werden. Bizarres Beispiel dieser Psycho-Deformation sein scherzhafter Spruch: »Mein Portemonnaie ist aus Zwiebelleder – immer wenn ich reinguck, muss ich weinen.«

Alles doppelt

Warum Elvis sehr gern alles doppelt aß (er vertilgte zum Beispiel immer mindestens zwei Spaghetti) und jedes Sandwich mindestens ein doppeltes, wenn nicht gar dreifaches sein musste, war in der Elvis-Forschung jahrelang umstritten. Die simple, aber einleuchtende Lösung: Der meistfotografierte Mensch seiner Zeit war ein so genanntes Sandwichkind, d. h. er war das mittlere der drei Kinder seiner geliebten Mutter Gladys. Dieses wohlige Gefühl des von allen Seiten Beschütztwerden spiegelte sich in seinen Essgewohnheiten wider. Und nicht nur da. In jedes Graceland-Stockwerk ließ er zwei Treppen einbauen (»eine fürs Runtergehen, eine fürs Raufgehen«), Doppel-Verglasung aller Olivenölflaschen war Pflicht, und aufs Klo ging er auch zweimal täglich.

Banane als Schwanzersatz

Durch zahllose Drogen impotent geworden, konnten auch die vielen Testosteron-Spritzen seine Männlichkeit ab ca. 1969 nicht mehr herstellen. Dennoch galt Elvis ja bis zu seinem Tod weltweit als unzähmbare Sexmaschine, dem auf Hüftschwung jede Frau enthusiasmiert in die dicken Arme springen würde. Mit der Realität hatte dies nichts zu tun, da lief nichts mehr. Durch simple Psychomanöver versuchte Elvis stets seine Potenz wieder herzustellen, er aß Unmengen Bananen, das Phallussymbol schlechthin. Ob zermantscht im Kuchen, püriert im Sahnemilch-Shake oder frittiert als Abführzäpfchen, sogar ein lockerer Spruch fiel dem Hüftgold-King jedes Mal beim Einverleiben ein: »Heute mal mit Vorhaut, was, Chefkoch?«, scherzte er etwa mit der Küche, wenn das Gericht Banane mit Schale vorsah. Aus heutiger Sicht ein Fall von mittelbarer Projektion.

Geheimrezept
Die Küche in Graceland war in vielerlei Hinsicht wohl das, was im ganzen Elvis-Presley-Betrieb am besten lief: Niemals geschlossen, warteten 22 Köche und Diener auf die oftmals aberwitzigen Essenswünsche des Hausherrn. Rezept und Ingredienzien etwa des berühmten dreifach frittierten Sandwichs mit doppelt gestrichener Erdnussbutter und ausgelassener Hängebauchschwarte, das Elvis jeden Tag vor dem Aufwachen per Injektion in die künstliche Hüfte gespritzt wurde, galt als Staatsgeheimnis. Erst nach seinem Tod kam heraus, worin das sättigende Geheimnis bestand: Die Zwischenschicht bestand aus reinem Tran und nicht, wie Elvis zeitlebens dachte, aus Zwieback mit Mehl. Heute schmunzeln wir erleichtert über diese Finte der gewieften Köche.

Essen ist spannend

Abgekapselt und völlig abgeschirmt von der Außenwelt führte der Sänger im Grunde ein extrem langweiliges Leben. Ständig nur neuen Elvis-Nippes entwerfen und »mal aus Scheiß« beim Pizzaservice in Vegas anrufen, füllte einen Mann seines Kalibers kaum aus. Kompensieren konnte er diese Ödnis allein durch hingebungsvolle, totale Verfeinerung seines Essens. So ließ er die äußeren Zwiebelringe für seine Burger auf andere Art als die inneren marinieren oder drehte aus Bock ein Kaninchen

durch den Fleischwolf, um es sich als »falschen Hasen«
servieren zu lassen. Still vergnügt aß er dann das falsch
deklarierte Gericht auf – allein, dass nur er um die wahren Bestandteile wusste, reichte dem King als Kick. Per-
vers ist dafür gar kein Ausdruck.

Doch magersüchtig?
Gewiss eine gewagte These, die auch nur von einer Split-
tergruppe der Elvis-Forscher vertreten wird, aber vorstellen wollen wir sie trotzdem: Elvis soll magersüchtig

gewesen sein – die Bilder eines aufgedunsenen, dicken Sängers zeigten allesamt einen grotesk kostümierten Presley! Eigentlich so dünn wie ein in der Wüste geernteter Spargel schnallte sich Elvis jeden Morgen ein Spezialkostüm aus Echtfett und Plastikspeck um, um dem Eindruck eines heruntergekommenen alten Varieté-Sängers zu entsprechen. Angeblich nur aus einer Macke geboren, jeder Erwartungshaltung zu entsprechen, quasi Überanpassung bzw. fehlende Fähigkeit, sich von seiner Mutter zu lösen. Ein Ansatz aus der Tiefenpsychologie, bei dem uns schon beim Abtippen ganz schwindelig wird.

Zuerst erschienen in:
ESSEN UND TRINKEN UND DANN WIEDER ESSEN,
Juni 2011

Datum: 10. Mai 2010 19:05:56 MESZ
Von: neuesvonder@hanseplatte.de
An: alle@dadraussen.de
Betreff: Segeltuchtasche * Gratiswitz

Achtung an alle.

Hier kommt ein MUSIKERWITZ:
Ein Schlagzeuger bei der Aufnahmeprüfung an der Musikakademie. Der Professor spielt ihm zwei aufeinanderfolgende Töne vor: C, dann E.
»Erkennen Sie das?«, fragt der Professor.
»Hmm … Kann ich das noch mal hören?«
Wiederum erklingt das C, dann das E.
»Puh … Moment, gleich hab ich's! Aber lieber noch ein drittes Mal, bitte!«
Der Professor spielt: C, E.
»Okay, alles klar: Klavier!«

ERKLÄRUNG:
Der Witz liegt darin, dass der Prüfling eigentlich die Töne heraushören muss. Aber wie es sich am Ende, also im Bereich der Punchline, herausstellt, denkt der offenbar, er solle das Instrument erkennen! Insgesamt wird kolportiert, dass Schlagzeuger etwas unterbelichtet sind. Lachen im Postfach.
Und ein Spitzeneinstieg, den lockergelachten Lesern auch die harten Fakten aus unserem eigentlichen Broterwerb, dem Verkaufen von schönen Sachen, nahezubringen. So sollen Shop-Mail-Leser zu kriegen sein: Erst mal Vertrauen aufbauen und dann en passant in den

renditeträchtigen Teil übergleiten (Marketing-Kurs an der VHS voriges Wochenende)!
Bitte beachten Sie also folgende Information, es wird die einzige sein, die es wert ist heute:

* Wir haben endlich auch Segeltuchtaschen im Sortiment. Feinste Ware! Guckt online!

Mit schmunzeligen Grüßen

Ihr Hans E. Platte

Datum: 17. Mai 2010 19:02:56 MESZ
Von: neuesvonder@hanseplatte.de
An: alle@dadraussen.de
Betreff: Dorle Bahlburg: Künstler im Quadrat

Heute: Kunden fragen – Hanseplatte, der Pofaltenladen von der Elbe, antwortet.

FRAGE: »Wer macht denn bei euch eigentlich immer diese deepen Fotos von Studio Braun und den anderen aus der Ponte, die da im Laden hängen, da scheint ja gleichsam ein Matisse Pate zu stehen wie ein Robert Mapplethorpe Vorbild zu sein oder die Frau von Christo, ist die da vielleicht als Einfluss zu nennen, so geil wie die sind? Motive wie Rocko Schamoni als Psycho-Konsalik, ohne Kleidung oder mit Katze, Studio Braun am Strand telefonierend in Reiterkluft, Jacques Palminger aufgepflanzt in den Rabatten und Heinz Strunk, wie er eine Drossel vor abgestorbenem Baum scheinbar zerdrückt – Helmut Newton ist ja ein einfallsloser Pinselwurm dagegen, wenn er es nicht sowieso wäre! Also wer macht diese Fotos, ihr Amöben?«

ANTWORT: So kritisch frei Schnauze, mit bildungsbürgerlichem Subton, dennoch interessiert-freundlich gefragt, das sind uns die liebsten Anfragen! Unsere Antwort dementsprechend affirmativ/informativ: Die Fotos sind von der Hamburger Fotografin Dorle Bahlburg. Sie hat auch noch viel mehr gemacht: Viele bekannte Coverfotos von DJ Koze bis Blumfeld, das letzte Cover von Jochen Distelmeyer, großartige Aufnahmen von Erobique, Kante, den Goldenen Zitronen, Felix Kubin, International Pony und anderen. Und weil die eben so blickstiftend, so guckens- und aufhängenswert sind, haben wir endlich aus dem reichhaltigen Bahlburg-Portfolio einen Kalender gemacht. Er ist beinahe DIN A3 groß, hat hochglanzgedruckte 13 Motive und eine Ringheftung mit Anhänger und – er ist immer gültig! Ein Kalender, der bis zum Ende der Zeit gültig ist. Weil wir kein Datum reinschroben.

Wir garantieren: Es wird im Kalenderbereich kein schöneres Produkt in den nächsten Jahren auf den Markt kommen. Außer der Sohn von Salvador Dalí findet in einer verstaubten spanischen Hacienda-Ecke noch unveröffentlichte Bilder, auf denen sich Vatter Dalí seine Augenbrauen zusammenwachsen lässt, am besten auf dem Rücken oder so. Aber das ist unwahrscheinlich, damit kann man nicht rechnen. Schaffen Sie sich lieber den Dorle-Bahlburg-Kalender »Künstler im Quadrat« an! Exklusiv jetzt in unserem Shop.

Übrigens: Auch ein ideales Geschenk für Leute, die Bohrlöcher in ihren Wänden unschmuck finden.

Ihr Hans E. Platte
(Und bitte denken Sie daran: Kalender sind die Rechen des Laubs, was im Herbst runterfällt und für den Zeitenlauf die Vergänglichkeit symbolisiert, was aber auch einen Scheißdreck macht im Flur, ach egal.)

Datum: 29. Mai 2010 18:32:16 MESZ
Von: neuesvonder@hanseplatte.de
An: alle@dadraussen.de
Betreff: FRANK SCHULZ. KRAKÓW LOVES ADANA.

Ein herzliches Willkommen im Newsletter für Blasen-
schwache.
Wir halten uns knapp!
Wir formulieren kurz!
Wartezeiten zwischen den Buchstaben sind bei uns:
Fehlanzeige.
Nummernziehen ist unnötig, Sie kommen SOFORT
dran.

Wir Aufmerksamkeitsspanner von der HANSEPLATTE
verstehen nämlich etwas von ZEIT, der Eieruhr des
Lebens.
Timetables, 5-Minuten-Terrinen, Wochenbett und
Tagelöhner.
Atomuhren, Überstunden, Kurzarbeit und Langeweile.
Gutes von gestern, Viertel vor Nesquick, Zeit zum
Umrühren.
ZEIT ist für uns die beste Erfindung seit, hah – »SEIT«???
Schon beißt sich die Logik in den juckenden After!

Sekunde mal, was wollten wir sagen vorhin?
Ach ja, WÄHRENDDESSEN neu im Shop:
Die neue zeitlos tolle Kraków Loves Adana: »Interview«.
Das beste Buch des Jahres, »jetzt kann sich die deutsche
Gegenwartsliteratur endgültig warm anziehen« (Harry
Rowohlt):

Frank Schulz – Onno Viets und der Irre vom Kiez

Warten Sie nicht zu lange mit einer Bestellung.
Die Uhr schlägt alle. Alter Boxerspruch!

Nuk nuk vor Schnirk,
Ihr Hans E. Platte

Datum: 16. Juni 2010 13:04:55 MESZ
Von: neuesvonder@hanseplatte.de
An: alle@dadraussen.de
Betreff: Pflück am Früchtebaum der Minderheiten! +
Kid Decker live

Liebe Mehrheit.

Ihr seid sehr viele und wenn ihr in den Spiegel schaut, seid ihr noch mehr. Neben euch steht immer jemand, der so ähnlich tickt. Was ihr auch treibt, was ihr euch ausdenkt: Immer könnt ihr euch sicher sein, dass das irgendwo erwähnt, bald parodiert, demnächst abgemolken und morgen historisiert wird.

Aber als Mehrheit macht man eben auch viele unangenehme Sachen: Den Gratis-Ideen DEMOKRATIE und TOLERANZ frönen zum Beispiel. Als Lieblingstier LEMMING angeben. Immer nur in den Hauptstrom springen und hunderttausendfach zu Events wie »Die COCA COLA-Trucks kehren in einer Sternfahrt nach Berlin zurück – live für lau JAN DELAY« pilgern.

Kurz: Auf der sicheren Seite ist das Gras grün, aber wenig schmackhaft.

Viel besser lebt es sich als Minderheit! Fein, klein, speziell und sexy.

Minderheiten kennen 3000 Worte für ihren eigenen Ausfluss (Entschuldigung). Als Marginalie kann man in Sachen Moral und Credibility stets Gewinne einfahren.

Auch prima: Die MEHRHEIT steht auf MINDERHEITEN, eigentlich/heimlich jedenfalls.

Wir von der HANSEPLATTE, der Ameise im Karpfenteich, unterstützen natürlich seit jeher beide -heiten, wir sind ja »in der Breite gut aufgestellt« (Jogi Löw), aber hier und heute geht es um Minderheiten-Formate. Musiken, die NOCH kaum einer kennt mit handmade Covern und wertsteigend kleiner Auflage.

1. Die neue Single auf Clouds Hill: KRAKÓW LOVES ADANA. Gibt's akut NUR bei uns, dazu einen schönen Jutebeutel für lau.
2. Neues auf dem anders, aber ebenso lovely gestrickten Label Spitzgefühl: eine 7" von der Band »Die schmutzige Schönheit der Natur« (grandios!) und das erste Zacki-Boy-Soloalbum »Wie Tokio Hotel, nur besser« in der Hartz-IV-freundlichen Version für € 6,90.
3. Und dann noch er hier: Spaceman Spiff! Ein Melancholie-Gitarren-Mann, Gisbert zu Knyphausen nicht unähnlich, die Entdeckung der Saison, demnächst sicher von der Industrie weggekauft. Wir haben seine erste CD da.
4. Bei uns live diese Woche: KID DECKER – Release-Konzert zur CD-Single. Berührender Akustik-Folk mit Thomas Lebioda (Labelship) am Bass. Freitag, 18. Juni 2010, 20 Uhr bei uns im Laden für schlappe € 3,–!

Bitte kaufen Sie auch mein Buch »Panaschieren und Kumulieren: Mehrheiten in moderner Küche«.

Allein, Ihr Hans E. Platte

Datum: 15. Juli 2010 15:43:37 MESZ
Von: neuesvonder@hanseplatte.de
An: alle@dadraussen.de
Betreff: NEU Ungeziefer-Quartett * HGich.T * Schöne
Geschäfte * Konzert

Achtung, du Sensibelchen.

Jetzt kommen verstörende Angebote. Erzeugnisse, bei
denen das Lachen darüber von »Haha« zu »Hoho«
rutscht. Unangenehme Produkte – sicher nichts für
Allergiker, Thomas Müller und naive Natives.
»Kein Problem, ich bin hart gesotten! Ich bin Mitglied
der Facebook-Gruppe FICKEN ODER MEHR. Nenne
mein Geschlechtsteil heimlich Adolf. Schmiere gern
Paste wo drunter. Tabus sind für mich kein Tabu. Was
willst du?«
Ich will dir unseren neuen Bestseller anbieten: Das Ungeziefer-Quartett. Aus dem Hause WELTQUARTETT of
Tyrannen-, Seuchen- und Rauschgiftquartett-Fame! Die
fiesesten Schädlinge in Garten, Haus und Haar, unterteilt
in die acht gruseligen Gruppen: Fliegen/Mücken, Scha-
ben, Läuse, Wanzen, Käfer, Motten, Flöhe und Milben/
Zecken. Pflichtkauf.
»Okay, nehm ich. Brauche eh Geschenke für meine vier
Stiefmütter. Hast du noch was?«
Ja: »Mein Hobby: Arschloch«, das lang befürchtete Debüt des hanseatischen Dada-Dance-Kollektivs HGich.T.
»Ein schier nicht zu fassendes Machwerk. Ein Album
wie eine Mutprobe, darauf enthalten: Musik – oder besser: Klänge – nach denen man erst mal duschen oder am

besten gleich Waschzwang kultivieren möchte.« Sagt die SZENE HAMBURG und kürt das Album zur Platte des Monats. Mit dem Hit »Tutenchamun«. Sicher besser als Analverkehr bei der Hitze.

»Harhar, ich merke, auch die feine Hanseplatte legt die Latte tiefer. Willkommen am Boden! Geht es euch so schlecht, dass ihr so tief sinken müsst?«

Denkste: Wir sind gerade zu einem der schönsten Geschäfte Hamburgs gewählt worden. Ebenso wie Porzellandoktoren, Tropenausstatter oder Schuster. Im Buch SCHÖNE GESCHÄFTE von Mathias Thurm im Junius Verlag.

»Igitt, geht's noch anbiedernder? Wohl die Würde in der Geldbörse verloren?«

Ach, hau doch ab!

»Aha, die Hanseplatte hält ihre eigenen Widersprüche nicht mehr aus! Schön UND schmutzig geht halt nicht beides!«

Dialogmitschnitt: Hans E. Platte

Datum: 22. Juli 2010 16:04:32 MESZ
Von: neuesvonder@hanseplatte.de
An: alle@dadraussen.de
Betreff: Patentverdächtig

Ein herzliches »Moinsen« aus Hamburg, der Stadt im Norden mit den schweigsamen Ziegelhäusern und passenden Menschen, die, damit es nicht hineinregnet oder -stürmt, ihren Mund nicht weiter als nötig öffnen wollen. Genug der Worte, jetzt kommen Ideen, Hitze gebiert manchmal die besten Ideen. Als ich zum Beispiel vorgestern im Souterrain meines Beachclubs bei vulkanöser Hitze den Lieblingsmodedrink »Wassermelonenmann« aus den Händen der zuvorkommenden Strandhaubitze erhielt, fiel mir etwas ein, was die Gastronomie revolutionieren könnte: Was wäre, fragte ich mich, wenn man anstatt der gekühlten Glaswürfel, die in diesen ganzen Kühlgetränken rumschwimmen, einfach in kleine Würfel gefrorenes WASSER hineintun würde?
Ja – denk, denk – Wasser! Gefroren! In Würfelchen!
Das löst sich doch auf, das aufwendige Pfandsystem für die Glaswürfel fiele weg, die man auch nicht mehr spülen müsste usw. Eine geniale Idee, fand ich! Patentverdächtig, der weltweite Siegeszug kaum aufzuhalten. Zufrieden legte ich den Kopf zurück in die Kissenbucht und genoss die Verschmelzung von Eiweiß in meinem Gehirn. Sprechen Sie Ihren örtlichen Wirt doch mal auf diesen Trick an! Er wird es Ihnen sicher mit Blicken jenseits üblicher Gast-Wirt-Beziehungen danken.

Herzlich,
Deine Ideenfactory HANSEPLATTE, Hamburg

Datum: 11. August 2010 14:04:38 MESZ
Von: neuesvonder@hanseplatte.de
An: alle@dadraussen.de
Betreff: Infos mit Honig: BOOKEND * AUDIOLITH *
ESTUAR * ME SUCCEEDS

Lieber edler Milchschaum auf der trüben Menschen-
brühe.

Heute wollen wir Ihnen mal so richtig um den Bart
gehen! Sie sind besser als gut im Bett, lösen Rätselhefte
in nullkommanix komplett, selbst Ihr Nasenrotz ist
geschmeidig wie ein Aal, voll Eleganz wie die Schnecke
und gazellengleich wie Teer. Gleichzeitig sind Sie aber so
abgegrenzt, dass Sie Quengelware an allen Kassen dieser
Welt ablehnen können. Und so klug, dass Sie den Begriff
»Kalter Bauer« nicht nachgoogeln müssen. Sie kommen
überall als Freund – und gehen als Freund. Sie brauchen
eine Nutte nur, um ihr was zu erzählen (dies gilt für
Männer) oder machen ihre Geschäfte stets im Sitzen (gilt
für Frauen). Auch müssen Sie nicht lang überlegen, was
nach »Einatmen« kommt.
Kurz: Sie sind einfach eine Toptype. Ein Spezialist des
Daseins, die Ernte der Hochkultur, denn SIE setzen die
Maßstäbchen!
Kotau vor Ihnen!
So. Jetzt sind Sie hoffentlich so aufgerüscht mit guten
Feelings, dass auch unsere wunderbaren Produktempf-
ehlungen Gehör finden. Ihre Aufnahmefähigkeit ist ja
so groß wie die einer … lassen wir das.

Hier bitte die HANSEPLATTE-NEWS!

1. Neu und sehr schön: der Sampler »Bookends«! Mit teils unveröffentlichtem Material von Gisbert zu Knyphausen, ClickClickDecker, Wolfgang Müller, Spaceman Spiff u. a. TIP!!

2. Den famosen Audiolith-Sampler gibt's nun für € 9,90, mit DVD und Poster.

3. Die zaubrische Band Estuar hat ihre sehr beliebten Werke (zum Tragen und Hören) nun in ausreichend großer Menge bei uns im Shop.

4. Ebenso endlich vollzählig, die pittoresk-anmutigen Werke der I SAW MUSIC/ME SUCCEEDS-Clique. Da stimmt alles, da wackelt kein Sackhaar.

Also los! Bitte kommen Sie rum oder bestellen Sie online, Sie haben ja beide Moves locker drauf. Multipel, dreiarmig, wach wie Sie sind!

Kratzfuß,
Ihr Hans E. Platte

Datum: 25. August 2010 19:02:27 MESZ
Von: neuesvonder@hanseplatte.de
An: alle@dadraussen.de
Betreff: STELLA * KOZE * SOULKITCHEN DVD * DJ DSLs
ST. PAULI-Kalender + 7"

Liebe Dromedare, liebe Sklaven der eigenen Lenden.
Willkommen auf der Lese-Couch der Hanseplatte – psychologisch gesehen sicher das Beste, was einem passieren kann. Gedanklich unterfordert werden Sie woanders.
Apropos Gehirnkirmes: Wussten Sie eigentlich, dass Reinhard Mey in jedem Hotel erst mal die Duschköpfe austauscht? Und Lothar Matthäus ein unglaublich ordentlicher Mensch ist? Der im Hotelzimmer Stehlampen, die zu nah an der Wand stehen, immer sofort verrückt, denn »sonst hätte man da ja gleich eine Wandlampe hinmachen können«? Margarete Schreinemakers dagegen hat alle großen Haushaltsgeräte (Herd, Geschirrspüler etc.) doppelt, falls mal eins kaputtgeht.
Denken Sie mal kurz darüber nach, mit solchen Macken leben zu müssen. Dagegen sind Ihre Phobien und Neurosen doch vom Pippikackasee!
Ist es, ist es nicht?

Gehen wir lieber in den Keller der Kultur, zu den ganz normalen Künstlern. Zu den handzahmen Stella. Zum entspannten DJ Koze, zu DJ DSL, der wandelnden Gelassenheit aus Wien. Oder zum FC St. Pauli – home of understatement. Sogar Fatih Akin soll ja null Spleen haben!

DIE NEUIGKEITEN BEI UNS:
* Die sehr gute Band STELLA hat ein neues Album! »Fukui«. Ganz in japanisch! (Checkt auch, dass wir altes, rares Vinyl von Stella wieder haben!).
* DJ KOZE, umtriebig wie immer, ist diesmal mit zwei neuen Auswürfen dabei: einem Topremix für die Idiots auf 12" und seinem exklusiven Beitrag zur neuen »Total 11«-Folge.
* Ab Freitag haben wir sie endlich da: Die SOUL-KITCHEN-DVD! Nach keiner DVD hat man uns häufiger gefragt in den letzten Monaten.
* DJ DSL hat mal wieder einen Kalender gemacht, ein Traum wie immer aus seiner zarten Feder. Natürlich einen St.-Pauli-Kalender!

So, das reicht für diese Woche. Zum Abschluss noch das schönste und hässlichste Gerücht: Bei Live-Auftritten dreht sich der stets kommode Marius Müller-Westernhagen vor seinem letzten Stück um und bohrt sich verborgen vor den Blicken der abertausend Fans heimlich die eigenen Finger derart in seine Augen, dass er weinen muss. Um dann allergrößte Rührung über all den Beifall zu simulieren. Angeblich! Gehört von einem Roadie, der dabei war.
That's big showbiz! There is no showbiz like showbiz!
Alle anderen Informationen entstammen wie üblich der Tagespresse, RTL2 oder dem Internet.

Auf Ihr Wohl!
Ihr Hackenschrauber Hans E. Platte

Datum: 3. September 2010 10:04:05 MESZ
Von: neuesvonder@hanseplatte.de
An: alle@dadraussen.de
Betreff: 1000 Robota * Herrenmagazin *
Gentrifizierungsdingsbums!

Huhu, liebe Teens und Twens.

Wenn der 1000 ROBOTA-Sänger Anton Spielmann bei
uns in die Hanseplatte kommt, begrüßt er uns stets mit
einem fröhlichen: »Hallo, alte Männer!« Ein natürlich
sehr sympathischer Wesenszug. So ein kleiner Frech-
dachs, man möchte ihn gleich adoptieren oder töten,
diesen Bengel.

Überhaupt kontert der Schlaks jegliche Kritik an seinem
Werk und Tun offensiv forsch: Einwände wie den, dass
man ja bei einer jugendlich-ungestümen Band wie den
1000 Robotern nicht unbedingt wertig-grobkörnige
Schwarz/weiß-Bilder oder künstlerisch wertvolle Videos
brauche, zum Beispiel. Das ist doch kein Punk, das ist
doch so unrotzlöffelig!

Wieso, Jim Rakete sei doch ein guter Fotograf. Wenn Du
mit dem Probleme hast, alter Mann, was kann ich dafür,
was? Deine Vorurteile, nur weil er mal Spliff und Nena
managte, wie voreingenommen!

Ja, okay. Aber man möchte doch nicht schon jetzt bei der
ersten Platte 1000 ROBOTA-Stücke mit Sinfonieorches-
ter hören! Auf Kampnagel, einem hochsubventionierten
Theater! Was soll denn das, das kann man doch den
Stings überlassen oder wirklich alten Bands, die die Wei-

hen der Hochkultur im Herbst ihrer Karriere brauchen, setzt man großtönend nach.

Häh, uns doch egal, antwortet Anton. Wir haben das Angebot bekommen, ich finde das geil, alter Mann, verstehst Du? Streicher interessieren mich.

Mrmpf.

Usw.

Nichts zu machen. Diese verdammte Jugend. Und wenn man sich dann schämt und entschuldigt, dass man so altväterlich rüberkam, kommt nur die Mail: »man entschuldigt sich nie. nicht mal wenn man alt ist. peace out … anton«.

ENTSCHULDIGUNG.

Offensichtlich sind 1000 ROBOTA eine Band, die wir brauchen. Und ihre Musik ist übrigens auch sehr fein auf der neuen Platte: »Ufo«. Sehr fucking fein!

* Ebenfalls auf LP und CD da und frisch wie nix sonst: Die neue HERRENMAGAZIN! Inklusive einem Duett mit Gisbert zu Knyphausen!

** Endlich da ist das neue Buch von Christoph Twickel. Es geht um dieses Gentrifizierungsdingsbums – erhellend gut! (Nautilus Flugschrift)

Ihr Oppa
Hans E. Platte

Datum: 9. September 2010 21:02:08 MESZ
Von: neuesvonder@hanseplatte.de
An: alle@dadraussen.de
Betreff: Patrice * Fotos * Mutter * Ahoi Marie!

Sehr geehrter Wurm oder eventuell Mensch,
reichen Sie bitte unverzüglich Ihre Steuererklärung ein.
Und verfassen Sie keine surrealen Newsletter. Der Fiskus
wartet nicht gerne! Sie werden sonst schon sehen, was
wir davon haben.

Mit gerecht harten Grüßen
Ihr Finanzamt

PS:
a) Wir hier im Amt hören bonimäßig die neue PATRICE:
Seitdem die läuft, ziseliert der Staub unserer Topfpflan-
zen wie Morgentau!
b) Eintreiber Bleistein hört hinter seiner öffentlichen
Hand gerne das neue Werk der FOTOS: »Porzellan«.
Honi soit qui mal y pense!
c) Ihre Identifikationsnummer ist übrigens lebenslang
gültig. Ebenso wie die neue Platte der Band MUTTER
(»Trinken Singen Schiessen«). Beides gilt es aufzube-
wahren!
d) Damit Sie die Scheu vor uns verlieren, wird im September die gesamte Behörde mit Geschirr des hanseatischen Design Kontors AHOI MARIE ausgestattet und
querfinanziert.

Auch eine Idee für Sie?

Datum: 24. September 2010 13:05:05 MESZ
Von: neuesvonder@hanseplatte.de
An: alle@dadraussen.de
Betreff: Post von Gott

Guten Morgen.

Es ist Freitag, der 22. September 2010.
Es regnet nicht und es schneit auch nicht.
Es liegt auch nichts in der Luft.
Alle Tiere schauen und kauen.
Alle Menschen machen was.
Ein normaler Tag. Normal as normal can be.
Doch da! Ein Fax kommt, es zerreißt den weltweiten Verein der Gleichgültigkeit. Es ist ein Fax von Gott.
Er hat die neue Liste der verbotenen und die der erwünschten Sätze gefaxt.
Sätze – na, Gott hat auch schon mal auf größerem Feld gepflügt! Leider ist es auch noch durcheinander, wie bei Hempel Gott üblich, aber Sie werden schon merken, welcher Satz zu welcher Kategorie gehört. Und wenn nicht, ist auch 88. Sehen Sie, dieser Satz gehört auch schon dazu.

1. Ey, ich habe im Supermarkt heute Spekulatius gesehen und dachte: Was jetzt schon?
2. Der Kölner Dom ist vorgestern eingestürzt und gestern wieder aufgebaut worden.
3. Die Politik stinkt, solange es Nasen gibt.
4. Schenk doch mal nach, hast Du keine licence to fill?
5. Auf dem Dancefloor verknoten sich die Sehnsüchte

und Hoffnungen einer ganzen Generation, der Generation Hicks.

Tja. Für Sie normale Sätze, was? Soll doch Gott selber ordnen, sagen Sie? Ihnen doch egal, was davon erwünscht ist und was verboten?
Die HANSEPLATTE liebt mündige Leser.

Sagt der Hans.

Datum: 1. Oktober 2010 14:05:04 MESZ

Von: neuesvonder@hanseplatte.de

An: alle@dadraussen.de

Betreff: Darmstaedter/Begemann # Selig # Boy Division # Hafennacht

OKTOBER 2010

Vom kommenden Herbst umnächtigt erfahren wir, dass es bei ALDI zum ersten Mal in der Firmengeschichte einen PLATTENSPIELER zu kaufen gibt. Ja, richtig gelesen: Bei ALDI einen Plattenspieler – einen der letzten Motoren des Glücks.

Umgehend zieht Schwermut ins Gemüt.

Wollen wir solche Angebote?

Hat diese Welt noch mit uns zu tun?

Hat die Erfinderin der Menschheit das gewollt?

Sicher wollte sie das Gegenteil.

Einen Wikipedia-Laden in jedem Viertel. Demokratie als Salbe. Oder Laxheit, Toleranz und Fünfe-Gerade auch im Krankenhaus. Sicher auch Weisheit mit Löffeln für alle. Das Beste bis Hundertbeste der Neunziger und der anderen Jahrzehnte.

Nun, aber bei ALDI Plattenspieler. Wie deprimierend denn noch!

#

Wir kommen umgangslos zu den News und muntern uns selber wieder auf Glücksbärchi-Niveau: Es gibt eine neue SELIG! Dann eine neue HAFENNACHT! Und eine

neue DIRK DARMSTÄDTER zusammen mit BERND BEGEMANN! Auch irre feiner Electropop von UIJUI-JUI! Dazu gibt es die steinalte, aber erschütternd gute BOY DIVISION-Platte »Ill« nach 12 Jahren erstmals auf Vinyl! Beachtung zuhauf verdienen auch die immer noch frischen neuen Produkte von:
Patrice, Mutter, 1000 Robota, Lawrence, Klotz&Dabeler, Fotos, Klaus Lemke, Herrenmagazin oder Nils Koppruch. Bitte legen Sie sich davon etwas in Ihre Butze. Wo ALDI nur in der Küche vorkommt. Wenn überhaupt.

Obwohl: Der eine Rotwein bei ALDI, der ist echt gut! Und dieser neue Kräuterkäse, den kann man auch kaufen – Bionudeln haben sie ja jetzt auch!

Herzlichst,
Ihre Hanseplatten-Brüder
(leben sehr zurückgezogen an einer Wasserscheide)

Datum: 7. Oktober 2010 15:35:37 MESZ
Von: neuesvonder@hanseplatte.de
An: alle@dadraussen.de
Betreff: Jens Friebe * Rantanplan * 1000 Robota * Monopol live!

Liebe Insassen der Voliere Erde.

Schon diese Woche die Zugvögel gesehen? Pittoresk und majestätisch gleiten sie über unsere Felder, nur ein paar leichte Flügelschläge brauchen sie, um voranzukommen. Immer die Ferne im Blick, das Bäuchlein gestopft mit feinster Nahrungsenergie. Denn der Weg ist weit, sicher liegen große Seen und Tausende Kilometer zwischen hier und ihrem Ziel in Afrika. Dort, wo sie die ganzen Zahnschmerzen des deutschen Lebens und auch »Stuttgart 21« hinter sich lassen können. Wo es warm ist und die Oasen nicht mit Atomstrom betrieben werden. Nur weg, weg, weg. Und dazu noch Silhouetten am grauen Firmament bilden, die unten verklärende Träume bei den Menschen auslösen, das ist es doch. Beneidenswert, nicht wahr?

Quatsch – mit zu viel Soße! Es wird hiergeblieben und ausgehalten! Wir sind doch keine Piepmätze, die abhauen, sobald es kälter wird. Geht's noch? Wir sind doch Denker, wir sind doch Lenkerinnen – wir fliegen, wann wir wollen und nicht, wann der Gen-Gott es befiehlt. Wir haben Knöpfe an den Heizungen, die können wir selber drehen.

»Genau!«, murmeln Sie und genießen dabei zum Beispiel Musik, die schönste aller Kunstformen.

Es gibt neue Platten von JENS FRIEBE. Von RANTAN-PLAN und 1000 ROBOTA. Dazu für hanseatische Zug-vögel das Konzert von MONOPOL ...

Schon gewusst: Das Gegenstück zum feigen Zugvogel nennt man Standvogel. Dazwischen gibt es Mischfor-men wie den Strichvogel und den Teilzieher.
Die Tierwelt ist die Matrix der Menschenwelt!

Gruß mit Flügelschlag:
Hans E. Platte

Datum: 10. Dezember 2010 11:00:28 MEZ
Von: neuesvonder@hanseplatte.de
An: alle@dadraussen.de
Betreff: Online Wünsche erfüllen

»Wenn die Götter dich bestrafen wollen, erfüllen sie deine Wünsche.«
(Alte Indianerweisheit)

»Wenn du anderen etwas schenkst, schenkst du dich.«
(Halbalte Christenweisheit)

Ey!
Unser Hanseplatte-Weihnachtsshop, das inspirierende Tor zu erfüllten Geschenkwünschen, ist online. Aus diesem Anlaß: Die Stiftung Warentest hat Geschenkelieferer in der Ausgabe 12/2011 getestet.
Wir zitieren:

1. amazon
Der alleskönnende King Kong, unverzichtbar, wenn man z. B. Geld ausgeben will oder keine Zeit hat. Beste Rubriken: »Inspiriert von Ihren Gedanken-Trends« und »Das könnte Sie als Messi interessieren!« Manko: Frauenquote unter 100%.

2. Omma
Die gute alte Schrumpelseele in jedem Haushalt. Inkontinent, aber zuverlässig im Falsche-Geschenke-Abliefern. Klares Plus: Freut sich selber Ast ab über Geschenke aus der Hölle.

3. Hanseplatte
Sehr sympathischer local player, der just in time liefert und bearbeitet. Wählt Geschenke aus, bevor der Kunde sie auswählt. Vorteil: Braucht man selber nicht mehr lang rumdenken. Sicher weltweit erste Wahl, um Geschenke zu bestellen. Einfach easy und top! Das beste von heute und gestern. Zu geil alles.

4. Innenstadt
Die hässliche Fratze jeder Stadt. Total langsam und vollgeparkt mit Wut und Kleingärtnerhass. Ganzjährig abzuraten. Höchstens als Chillout-Zone nach dem Einkauf ideal, also gute Pille danach.

5. ebay
Für Idioten gemacht, voll kacke. Nichts funzt, Bucht der langen Wege. Bestellungen sind sogar gefährlich oder werden von Nazis bearbeitet. Finger weg, wenn man noch alle behalten will!

Also? Wohl klar jetzt.
Hans.

Datum: 9. März 2011 18:10:25 MEZ
Von: neuesvonder@hanseplatte
An: alle@dadraussen.de
Betreff: Trost von xrfarflight, Kreidler, Esslack und Meermaid!!

Liebe Erdwürmer. Liebe Erdwürmerinnen.

Schlecht riecht die Zivilisation. Die Politik von denen da oben pfeift ihr schiefes Lied. Selbst vom Mond fühlt man sich beobachtet und verspottet. Die eigene Gemütslage ist so ungemütlich wie ein gefällter rumliegender Baumstamm, aber selbst der passende Stumpf ist weit und breit nicht zu sehen. Wurzeln hat man schon lange nicht mehr und Blätter sind noch nicht gewachsen. Dann diese ständigen Déjà-vus im Treibsand des Lebens. Oder solche krumpeligen Metaphern anstatt klarer Feelings.

Also quo vadis, Wesen? In den Karneval? Das ist zu spät, die Messe ist gelesen. Wieder zu Facebook rein? Ins DAS Ermüdungsbecken der Welt? Nein.

Die HANSEPLATTE, die Instanz in Sachen Trost in schwersten Stunden und miesesten Psycho-Löchern, rät hingegen: Nutzt die Kultur! Zapft sie an, saugt sie aus, tut ihr schön! Nur so kommt man raus. Zufällige, aber bestimmte Überblendung zu unseren Kultur-Neuheiten dieser Woche:

1. SPIEGEL ONLINE spricht von einer gewaltigen Platte und vergibt 8 von 10 Punkten für, tatsächlich, den Zweitling von xrFARFLIGHT »Under the spell of the cyclops'

view«: »Es gibt schon wieder einen Grund, nach Hamburg zu schauen.« Genau!

2. Zwar nicht von hier, aber aufgenommen und released in Hamburg: Die neue famose KREIDLER – »Tank«! Eine schöne Schallplatte so schön wie eine schöne Schallplatte.

3. Wer andere Sinne als die obenrum sensibilisieren will, dem sei unser neues schönes, großes Geschirrhandtuch mit Segelschiffmotiv empfohlen. Siebgedruckt und ein Geschwister unseres sehr beliebten Kissenbezugs von Meermaid.

4. Dazu unseren Verkaufs-Hit von vor Weihnachten: Den ESSLACK ZUM SPRÜHEN gibt's jetzt auch in Rot und Blau. Nicht gerade billig, aber wer seinen Osterbraten in Rot ansprüht, gewinnt Herzen und Laune!

Ende der Produkttipps.
Wenn das auch nicht hilft, einfach in ein Gewitter gehen. Direkt unter die dunklen Wolken, dann durch einen Blitz Feuer fangen und dies gleich vom Regenschauer löschen lassen. Hiernach im böigen Wind trocknen. Eben das volle Programm Natur kassieren. Sofort Spürung.

Herzlichst Ihr Seelenklempner
Hans E. Platte

Datum: 20. April 2011 04:03:21 MESZ
Von: neuesvonder@hanseplatte.de
An: alle@dadraussen.de
Betreff: The Story of L'Age D'Or * Robag Wruhme *
Clouds-Hill-Box

Seien Sie gegrüßt.

Was Sie in Ihren Händen halten, ist eine Mail mit Vergangenheit, Zukunft und Gegenwart. Es gibt sie noch, die guten Mails. Aus dem Hause HanseFactum. Denn heute ist der Feind des Guten endgültig nicht mehr das Bessere, sondern das Schlechtere, Billigere, Banale.
Damit das nicht so bleibt, tragen wir Musiken zusammen, die in einem umfassenden Sinne gut sind – arbeitsaufwendig gefertigt und daher solide und funktionstüchtig, langlebig und reparierbar und daher umweltverträglich. Wir hoffen, dass Ihnen die Produkte und Veranstaltungen gefallen. Und es wäre schön, wenn Sie unsere Absichten unterstützen würden, sei es durch eine Bestellung, sei es, indem Sie uns weiterempfehlen, sei es durch Anregung und Kritik.

Ihr HanseFactu

* »The Story of L'Age D'Or – Dies ist Hamburg nicht Boston«.
Pascal Fuhlbrügge und Knarf Rellöm legen Platten auf und erzählen vom Goldenen Zeitalter. 1986 gründeten Pascal Fuhlbrügge und Carol von Rautenkranz L'Age D'Or.

Auf der Suche nach neuen Klängen und Ausdrucksformen organisierten sie Konzerte, veröffentlichten zusammen mit Chris von Rautenkranz Kassetten-Sampler und scharten Hamburger Musiker um sich, die das gleiche Ziel wie sie verfolgten: der stagnierenden Post-NdW-Phase zu entkommen. »Dies ist Hamburg (nicht Boston)« war der erste Sampler, auf dem Bands wie die Kolossale Jugend, Hallelujah Ding Dong Happy Happy, We Smile, Der Schwarze Kanal, Huah! und Ostzonensuppenwürfelmachenkrebs vertreten waren. Später folgten Bands wie Das neue Brot, Die Sterne und Tocotronic und überregionale Künstler wie Die Regierung, die Aeronauten oder Robocop Kraus. Produziert wurde unter dem Motto »Popmusik darf nicht dumm sein!«.

** Es gibt eine neue ROBAG WRUHME – »Thora Vukk«. Er hat die schönste elektronische Platte gemacht, zu der man eine freundschaftliche Beziehung entwickeln, ihr einen gewissen Respekt zollen können kann. Den sie als gelungenes Ergebnis gut getaner Arbeit ja durchaus verdient! Wird sie irgendwann einmal zu einem liebevoll betrachteten, guten, alten Stück zu werden? Aber sicher doch!

*** Es gibt eine neue Clouds-Hill-Box. Die erste hat man uns fast aus den Händen gerissen, nun folgt die zweite Vinylbox. »Analog Love In Digital Times« ist auf 200 Exemplare limitiert. Neben exklusivem musikalischen Inhalt findet sich darin auch noch eine einzigartige, analoge Zugabe. Ein Qualitätsprodukt, das nicht durch jämmerlich schlechte, aber viel billigere Konkurrenten und Nachahmungen gefährdet wäre!

Und denken Sie immer daran: Es geht um das Bewahren von Differenzen, um den Unterschied zwischen Platten-läden und Läden, in denen AUCH Musik angeboten wird, und schließlich darum, dass ein in langen Zeiten geknüpftes Netz subtiler Kulturtechniken der Ge-schmacksveredelung nicht völlig zerreißt.
Wohlgesprochen?

Herzlichst,
Ihr
Hand E. Platte
(HanseFaktotum)

Datum: 29. April 2011 01:04:12 MESZ
Von: neuesvonder@hanseplatte.de
An: alle@dadraussen.de
Betreff: WIEN * KREISKY * DJ DSL

Servus!

Heute belasten wir die Achse Hamburg–Wien! Wir waren neulich dorten, im schönen Wien. Der ungekrönten Hauptstadt erregter Grantler. Und verspürten als Fischkopp größte Sympathie für die dortigen Gebräuche! Passiert ist uns nämlich Folgendes:

Ein Älterer rhabarberte und meckerte in der S-Bahn unentwegt herum. Vom Wetter bis über die da oben – nichts passte ihm. Alle Umsitzenden nahmen zunächst gelassen teil, zeigten aber nach einiger Zeit doch zunehmend Zeichen der Genervtheit. Bis jemand tatsächlich dann anbot: »Sagen's, kann man Ihnen irgendwie helfen?« Darauf eine weise Frau: »Vergessen Sie es. Der hat nur Angst vorm Selbstmord.«

Die Stille danach war unüberhörbar schön.

Respekt, liebe Wiener!

Knüpfen wir gleich da an:

* KREISKY – neue Platte der Wiener auf Buback: »Kreisky Trouble«. Eine Offenbarung in Sachen Zetern, Auf-den-Punkt-Bringen, Rumnerven, Figuren Erfinden. Und all das mit diesem schnalzigen wienerschen Akzent. Ein Hauch Exotik, wir stehen druff. Eine Post fährt ab auf hohem Niveau. Bitte kaufen.

** Und nochmal Wien. Der Exil-Wiener DJ DSL, der nun schon seit Jahren hier in Hamburg prokelt, hat wieder seinen Stift schweifen lassen und einen SPIELPLAN zur FRAUEN-FUSSBALL-WM 2011 gemalt. Präzise und wunderschön wie immer!

So fertig.
Wie stets ohne Angst vor dem Ende:

Ihr Hans E. Platte

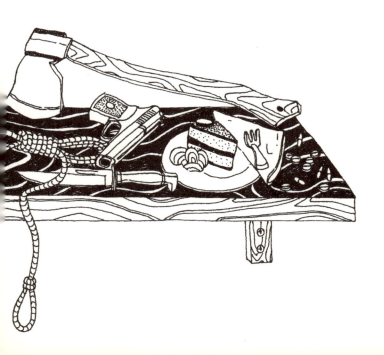

Datum: 5. Mai 2011 18:08:27 MESZ
Von: neuesvonder@hanseplatte.de
An: alle@dadraussen.de
Betreff: SUPERPUNK-TRIBUTE. Superpreise! **
1000 Robota-Film!! **

Supertag heute.

Superwetter, Superpeoples, Supermeetings.
Dazu noch zwei Superdinger heute entdeckt, die Super-
laune machen: Der Superkünstler Jonathan Meese macht
jetzt Werbung für die Superdreckszeitung BILD. Super-
move, Du Nutterich! Ebenso super, dass die Superpunk-
band SLIME auf dem superschlimmsten Eventmistfest,
dem »Hamburger Hafengeburtstag«, spielen.
So tief werden SUPERPUNK nie sinken. NIE!
SUPERPUNK haben Haltung. Style. Chuzpe. Humor.
Und Superlieder. Für sie wurde der Begriff super erfunden.
So sehen das auch Andreas Dorau, Die Sterne, Fettes
Brot, Bierbeben und viele andere Supermusikusse, die
den Supermods huldigen. Auf einem superben Tribute:
»Oh dieser Sound – Stars spielen Superpunk«.

**

Nun zu einer anderen Band. Der, über die Daniel Richter
zurecht sagt, sie sei »die einzige junge Band, die ich
kenne, die nicht diese sülzige Art von Nachdenklichkeit
und Molltongesang hat«. 1000 ROBOTA!
Über die es einen sehr, sehr guten Film gibt: »Utopia

Ltd.« Der Dokumentarfilm von Sandra Trostel ist ab 10. Mai im Kino. Die drei Teenager Anton, Jonas und Basti sind die Band 1000 Robota. Trotz Presse-Hype müssen sie ihren Weg finden zwischen Schule und Musikbusiness und dabei stellt sich die Frage: Gibt es in einer wirtschaftlich ausgerichteten Gesellschaft eine Nische für Ideale und eine freie Kunstproduktion?

Ich drück Sie wie eine Wärmflasche,
Ihr Hans E. Platte.

Datum: 10. Juni 2011 16:38:25 MESZ
Von: neuesvonder@hanseplatte.de
An: alle@dadraussen.de
Betreff: ADA (auf Pampa) * neue LAID * Pop-up-Bücher *
Badestöpsel (!)

Moin Leute,
hier schreibt euch Tim Mälzer, der sympathische
Küchenbulle aus Hamburg. Heute möchte ich euch mal
neue Seiten von mir zeigen. In letzter Zeit habe ich
mich nämlich vermehrt mit dem Thema Musik aus-
einandergesetzt und bau da ganz langsam immer mehr
Wissen auf. Weil ich das interessant und lohnenswert
finde, möchte ich euch gerne auch dafür begeistern und
euch auf meinem Weg ein Stück mitnehmen. Dabei
bleibe ich natürlich Tim, wie ihr ihn kennt: einfach und
immer mit einem Stück Schnitzel am rechten Fleck.
Das ist für mich ganz wichtig. Mit dem Teppich auf
dem Boden bleiben und nicht ein Wolkenkuckucks-
heim nach dem anderen bauen, nur weil man mal im
Fernsehen war. Das ist mit einem Mälzer nicht zu
machen, dafür stehe ich mit meinem Namen. Und der
ist Tim Mälzer.

Ja, wo war ich stehengeblieben? Richtig: bei Mälzer und
bei der Musik! Und da lass ich mich auch diese Woche
nicht lumpen. Ich sag mal so und zwinker dabei ein bisschen: Musik soll immer Spaß machen! Wichtig ist, dass
man sie hört.
So, genug gelabert, was, Leute? jetzt seid ihr dran. Einfach die neuen Scheiben bestellen und loshören – ganz

ohne Rezept und scheißt auf die Reihenfolge der Tracks! Macht euch eure eigene Playlist!

Hier alles, was neu ist bei der HANSEPLATTE, dem einzigen Laden, den ich gut finde außer meinem eigenen:

* ADA – ihr neues Album »Meine Zarten Pfoten« auf PAMPA! So schön wie eine richtig gute Spinatwachtel!

** Neues von Laid, dem Sublabel von DIAL! (2 x 12"s und die CD-Compilation).

*** Tolle neue Pop-up-Bücher! Teils eventuell besser als »Tim Mälzer 2«.

Außerdem machen die jetzt in Badestöpsel, Kokain-Streuer und Angeln für die Wanne! Da krieg ich glatt Milcheinschuss – obwohl, ich bin ja ein Mann.

Also, Freunde. Ihr wisst, was ihr zu tun habt: Ran an die Bouletten! Da fällt mir noch ein kleiner Tipp von mir selber ein: Einfach 2 Nüsse als Augen in die Bouletten drücken, dann kann man sie auch als Nichtvegetarier essen. Haha.

Euer Tim »Tim Mälzer« Mälzer

Datum: 27. Juni 2011 12:04:18 MESZ
Von: neuesvonder@hanseplatte.de
An: alle@dadraussen.de
Betreff: MISS LI: Live in der Hanseplatte.

Hamburg.
Hanseplatte.
Es geschieht jeden zweiten Tag.
KUNDE: »Was is n das, was ihr gerade hört?«
WIR: »Das ist die Band MISS LI. Diese hier!«
KUNDE: »Echt gut. Sind alle Stücke so?
WIR: »So gut? Ja. All killer, no filler!«
2. KUNDE: »Entschuldigung, habe gerade mitgehört:
MISS LI, sagten Sie?«
WIR: »Ja, diese hier! Sie ist aus Schweden.«
1. KUNDE: »Ich nehm die!«
WIR: »Gern! Sie sind heute der 43ste!«
2. KUNDE: »Aber ich will die auch!«
WIR: »Wir haben noch mehr. Bitteschön!«
1. & 2. KUNDE: »Das hat mir sofort gefallen!«
3. KUNDE: »Was is n das, was ihr gerade hört?«
Wir: »MISS LI!«
3. KUNDE: »Nehm ich!«
ANRUF DES LABELS DEVIL DUCK: »Habt ihr noch
MISS LI? Ich hab euch gestern 40 vorbeigebracht.«
WIR: »Kaum noch. Bring rum! Wir lassen sie wieder
laufen.«
DEVIL DUCK: »Sagenhaft! Ihr seid der weltweit MISS
LI-bestverkaufende Laden!«
WIR: »Kann die nicht selber mal kommen?«
DEVIL DUCK: »Klar! Gute Idee!«

Am Dienstag spielt Miss Li bei uns im Laden. WIRKLICH!! Eintritt frei. Es wird schweinevoll.

Mister Hans E. Platte

Datum: 16. Juli 2011 03:30:52 MESZ
Von: neuesvonder@hanseplatte.de
An: alle@dadraussen.de
Betreff: Gonzales/Koze * Max Goldt * Mariola Brillowska *
Ricky Kings u. a.!

Endlich ist die Welt fertig.
Alles ist fertig.
Alles.
Der Swimmingpool ist geleert, die Stinkeblumen ent-
sorgt, der Knöterich um das Geländer gewickelt, die
Wurst eingepackt, das Auto von Dorle geliehen, die Brille
beim Optiker abgegeben, die Ersatzbrille aufgesetzt, die
Hängematte gewaschen, das Konto bis auf den letzten
Cent abgeräumt, die Spielkarten gemischt, der Mörder
an den Ort des Verbrechens zurückgekehrt, die Zähne
sind raus, das Zahnfleisch nicht, der Wein getrunken, die
Gläser gespült, die Einlagen sind in den Schuhen, der
Gurt umgelegt, der Mond steht auf Sichel, der Band-
wurm ist besiegt, der Terminkalender voll, der neue
schon gekauft, das Horoskop ist gelesen, die Voodoo-
puppe genadelt, der Lachsack gefüllt, die Audioführung
im Museum ist bis zu Ende gegangen, die Wurmkur gemacht, die Angst vorm Tod ist besiegt und der Herd aus,
die 666,– Euro Mitgliedsbeitrag für die Satanisten sind
überwiesen, der Energiestau in der Bude mit Feng Shui
besiegt, das Parkett hat sich gelegt, alle ebay-Auktionen
sind abgelaufen, die Messe ist gelesen, der Hesse auch,
alle Kommentare sind angezeigt, die innere Uhr gestellt,
die Temperatur gefühlt und der Stoff, aus dem Gedanken
sind, ist gewebt.

Also es ist wirklich alles gemacht.

Es ist Zeit, sich mit den neuen Produkten der Hanse-platte zu beschäftigen:

* Gonzales/Koze 12"
* Peter-Lundt-Comic: »Gnadenstoß«
* Max Goldt auf Gagarin Records: »L'Église des Croco-diles«
* Neue Mariola-Brillowska-DVD: »Des Teufels Kinder«
* Dockville Poster jetzt auch DIN A2
* Neue The Ricky Kings: »Holy Fish Rain«
* Efdemin und Rndm sind Pigon – Dial 059 (Pigon: Sun-rise Industrie)
* Neu auf Zeitstrafe – Grand Griffon: »Protektor«
* A. J. Holmes: Summer Of Seven 4/7

Haken dran!

Ihr Hans E. Platte

Datum: 3. August 2011 20:37:12 MESZ
Von: neuesvonder@hanseplatte.de
An: alle@dadraussen.de
Betreff: Hanseplatte on tour

»Es ist schön Würstchen zu essen, wenn man gerade
den neuen Tannhäuser in der Version von Lady Gaga
gesehen hat.«
(Angela Merkel, Bayreuth 2011)

Das war wieder ein Betriebsausflug, Junge Junge! Die
gesamte Hanseplatte-Belegschaft (Popper-Joe, Moppe-
line, Wilbur, Gemsenmann, Ivanhoes Frau, der ehr-
liche Inder und Andreas) waren in Bayreuth. Also DEM
Bayreuth – Home of Richard Wagner. Bei einer Original Wagner-Steinofen-Inszenierung! Gegeben wurde
»Tannhäuser« sowie »Der Ring«, »Der Ring geht nicht
mehr ab« und »Seife zwischen Finger und Ring und
dann geht's«. Besonders erstere Inszenierung hatte es
uns angetan. Was für Kostüme, was für eine Tragik, was
für Rundenzeiten! Allein die Handlung ist einen Satz
wert: Kaum hatte der Schwan Cosima das schwule Brü-
dertrio Woglinde, Wellgunde und Floßhilde mit einer
selbstgebauten Walhalla übers Ohr gehauen, tauchte
der verloren geglaubte Schatz (symbolisiert durch einen
Schatz) inmitten dem heitern Spiel der ausgelassenen
Wassernixen Erda und Nachalba einfach so wieder auf,
obwohl keiner damit gerechnet hatte. Verrückt!
Aber auch egal. Denn: Uns ging es um die Musik! Wir
sind Ohrengläubige, wir hören sogar beim Plattenhören
Musik. Erschöpft, aber zufrieden und wanstsatt lausch-

ten wir auf der 11-stündigen Rückfahrt nach Hamburg den Neuheiten.

Bitte ALLES bestellen! Kostet summa summarum weniger als ein Dezibel einer Karte an einem Katzentisch in der Speichellecker-Kantine der Probenbühne von »Tristan und Isolde« zu Bayreuth in den roaring 20ties.

Darauf einen Tannhäuser!

Ihr Hans E. Platte

Datum: 19. August 2011 15:10:41 MESZ
Von: neuesvonder@hanseplatte.de
An: alle@dadraussen.de
Betreff: The Story of Fidel Bastro

The Story of Fidel Bastro
Heute Freitag!
Beginn 20 Uhr, bei uns im Laden!

Bernd und Franco Kroschewski (Fidel Bastro/Boy Division) legen Platten auf und erzählen davon, was mit Alkohol alles passieren kann. Zum Beispiel eine Band und ein Label gründen. 1992 gründeten die auf rostiges Altmetall spezialisierten Gebrüder Kroschewski zusammen mit Carsten Hellberg (Ostzonensuppenwürfelmachenkrebs) und Wolfgang Meinking (u. a. WSFA & Lado) das Hamburger Label Fidel Bastro, zunächst angeblich nur, um die amerikanische Noise-Band »Bastro« in Deutschland herauszubringen. »Bastro« löste sich auf, formierte sich neu und schaffte unter dem Namen »Gastr del Sol« das erste Release des aus purer Begeisterung initiierten Labels. Es folgten bis heute weitere 65 Veröffentlichungen auf 7"/10"/12"-Vinyl und 3"- und 5"-CD. Auch wenn die erste Superpunk-Scheibe zu den größten Erfolgen des Labels zählt, ist Fidel Bastro beliebt, bekannt und berühmt für viele tolle Platten, kranke Überzeugungen, leergetrunkene Meere und Bands wie Unhold, Happy Grindcore, High Quality Girls, Diametrics, Tschilp, Boy Division, Lars Bang Larsen, Potato Fritz, Stau, Ilse Lau undundund. Nunmehr im 19ten Geschäftsjahr steht Fidel Bastro nach wie vor für die Idee, den Humor und die Ideale eines (echten) Independent Labels. Oder wie Flo Helmchen von Heart First Records einst über Indie-Plattenfirmen sagte: »Wenn du die abziehst, die ihre Künstler nie beschissen haben und ihre Kontakte nie genutzt haben, um Bootlegs pressen zu lassen, bleiben nicht viele übrig.« Fidel Bastro gehören dazu. Die absichtlich aus Versehen vergessenen Deckel in den Kneipen Hamburgs sind dagegen kein Widerspruch.

Bernd Kroschweski ist übrigens seit 1998 ununterbrochener Gewinner des Gérard-Depardieu-Ähnlichkeitswettbewerbs.

Heute sehr fidel:
Ihr Hans E. Platte

Datum: 30. September 2011 02:29:29 MESZ
Von: neuesvonder@hanseplatte.de
An: alle@dadraussen.de
Betreff: MUTTER. CÄTHE. LAWRENCE. TONIA REH. SUPERSHIRT. UDO.

»Wie immer beim Sex haben wir vorher die Krümel aus dem Bett von den Kindern entfernen lassen. Nicht, dass sie wissen, warum sie das machen müssen. Kann man denen ja noch nicht sagen, die sind ja erst sechs und sechseinhalb. Schon wenn wir dann auf allen vieren auf dem Spannbettlaken rumkriechen, geraten wir in erregte Vorfreude, wie viel Krümel jetzt wieder in die Ritzen neben das Bett fallen. Ob da noch die von voriger Woche drin sind? Keine Ahnung – bei Sachen, die ein paar Tage neben dem Bett liegen, schwillt bei mir nicht mehr ganz soviel an wie bei allem, was auf den nicht mehr ganz so sauberen Kissen direkt darauf ist. Neulich lag nämlich ein Restpopel von morgens noch nach der HARALD SCHMIDT SHOW abends mittemang auf dem Kopfkissen. Herrlich, kann man ja mit der einen noch freien Hand SCHNIPP-UND-WEG spielen. Es roch sofort wie die Pupse riechen, die als quasi letztes Atemzeichen aus einer Taube strömen, die auf einer vielbefahrenen Straße soeben von einem SUV übergemangelt worden ist. Ich stelle mir dann immer vor, mir fliegt die kleine Popelkugel ungebremst in den Enddarm. Also von oben ist gemeint, nicht von unten, so eine Schweinerei male ich mir schon lange nicht mehr aus. Wenn ich mir dann auch noch vorstelle, wie der kleine Kobold all die ganzen Schlieren und Schleimfäden der Magensäfte im Vorbeisausen aufnimmt und zu einem riesigen, irre potenten Cocktail-Ball anwächst, der in mir wie der fünfte Reiter der Apokalypse auf das Ende meines Liebestunnels zuschießt, während gleichzeitig von außen das Türchen ebenfalls aufgeht und sich Mr. Big-John-Double-John-Dildo-Klaus heranschiebt ...«

Fragment aus: LATRINENPREDIGT, Roman, erscheint 2012.

**

Ähem.
Kurz geräuspert! Die neuen Platten sind hier:

Mutter – Mein Kleiner Krieg
Cäthe Debutalbum und Senorita EP und Beutel
Laid 13: Lawrence – Never As Always EP Part 1
Tonia Reeh – Boykiller Album auf Clouds Hill
Haben wir im letzten Newsletter vergessen: Die neue Udo Lindenberg: MTV Unplugged – Live aus dem Hotel Atlantic
Neue Supershirt auf Audiolith

**

Und eines noch, ihr Eulenspiegel: Abokündigungen wegen dem ersten Abschnitt dieses Newsletters werden von uns sehr, sehr ernst, vielleicht sogar ZU ERNST genommen.

Danke!

Ihre Sau E. Platte

Datum: 13. Oktober 2011 19:12:49 MESZ
Von: neuesvonder@hanseplatte.de
An: alle@dadraussen.de
Betreff: 10 REGELN DES ROCK'N'ROLL *
LIVE ST. HEMPEL!

Hallo Follower.

Jetzt tapsen Sie schon wieder Buchstabe für Buchstabe hinter uns her. Lesen jeden Satz und dann den nächsten. Nach dem Punkt gleich kommt ja noch ein Satz. Auch der wird weggelesen. Einfach alles befolgen, was hier steht. Nur Schafe brauchen einen Führer. Selbst das wird pupillenhin/pupillenher einfach so bewältigt. Obwohl es ja eigentlich kritisch ist. Nur wer gegen den Strom schwimmt, kommt zur Quelle. Auch so ein egaler Quatsch-Satz. Bedeutet der uns was? Wissen wir nicht, uns doch wumpe, wir konsumieren auch Opposition! Dagegensein ist das neue Dagegensein. Regeln und Knochen, beides wird gebrochen.
Apropos Regeln. Kennen Sie die 10 REGELN DES ROCK'N'ROLL, Follower?

1. Glauben Sie nie einem Künstler, der seine Arbeit als DARK bezeichnet.
2. Das zweitletzte Lied auf jedem Album ist das schwächste des ganzen Albums.
3. Große Bands neigen dazu, im Laufe der Karriere sich intern optisch anzunähern.
4. Die Band mit den meisten Tätowierungen hat die schlechtesten Lieder.

5. Nach den ersten 20 Minuten eines Konzertes hat man eigentlich alles erlebt, nur bei der Zugabe passiert noch was Neues.

6. Wechselt der Gitarrist live nach jedem dritten Lied seine Gitarre, will er nur seine Gitarrensammlung zeigen.

7. Alle Soloalben von Sängern, die mal was anderes machen wollen als mit ihrer Band möglich, wären auch mit ihrer Band möglich gewesen.

8. Das beste Bandformat ist 3 Mann/Frau.

9. Je rätselhafter die Gründe der Kunst, desto größer ist sie.

10. Die einzige alte Band der Welt, deren Mitglieder nicht fett geworden sind, sind die Rolling Stones.

Diese Regeln sind von Robert Forster (Go-Betweens) inspiriert. Platz 11 bis 20 bitte selber aufschreiben. Und uns schicken! An: info@hanseplatte.de.

Ihr Hans E. Platte

Datum: 26. Oktober 2011 16:36:38 MESZ
Von: neuesvonder@hanseplatte.de
An: alle@dadraussen.de
Betreff: Vorschlag zur Güte

Lieber Jakob, ich bin's, Hans E. Platte.

Dein neuer Newslettertext gefällt mir nicht so, der ist scheiße! Wieso schreibst Du »Liebe Kunden«? Du schreibst doch nicht an Deine Mutter! Da muss ein Knallereinstieg her, damit die Herde weiterliest, die sind doch so stumpf. Deren Auge muss wie an einem Nagel am ersten Satz festhängen! So was wie »Ey, Leute, gestern spazierte Heinz Strunk in unseren Laden und zeigte uns sein neues Tattoo, Jungejunge, den Girls hier fielen die Kinnladen auf Nippelhöhe, der verdammte Bastard hatte sich doch tatsächlich PINOCCHIO FÜR LÜGNER auf sein gutes Stück tätowieren lassen!«
So geht ein Einstieg, verstehste, Jakob? Da will man gleich mehr wissen und muss NACHDENKEN, wie das denn gemeint ist vom Heinz.
Oder lock doch mit Kohle, was es am Ende des Textes gibt – millionenfach auf einem Konto treuhänderisch in der Schweiz lagernd, bitte schicken Sie Ihre Adresse und 200 Euro Verwaltungsgebühr schnell an mich, Ihr David P. Mgombe. Oder so ähnlich. Man kann auch von Afrika lernen. Schnallste?
Aber NICHT »Erneut können Sie wieder im mannigfaltigen Neuheitenfundus der HANSEPLATTE stöbern. Viele interessante Novitäten warten auf Sie! Sicher ist für das eine oder andere Ohr etwas dabei!« Ich penn ein.

Das lockt keinen Schornsteigerfeger aus dem Krema-
torium.
Und verzichte auf Infoballast! Lass Fakten sprechen. Und
hinter den Artikel ein Wort, was zündet! Use Englisch,
the modern language from the Internetz!!

Okay. Nächstes Mal machste es besser, nich wahr, meen
Jung?

Dein Hans

Datum: 8. November 2011 13:57:07 MEZ
Von: neuesvonder@hanseplatte.de
An: alle@dadraussen.de
Betreff: Fehler-Fun!

Liebe Kreative.

Gerade auch Sie als ständig Suchende im Bereich Kreation wissen es: Fehler machen ist manchmal der kleinste
Fehler! Auf dem Weg zu einer funktionierenden Glühbirne entdeckte Edison mehr als 1600 Möglichkeiten,
wie man eine Glühbirne nicht baut. Und Columbus war
eigentlich auf der Suche nach Indien. Meint: Oft führen
erst Fehler zu genialen Entdeckungen! Sagen Sie einfach
alles, was Ihnen durch die Birne rauscht – ohne Angst,
für einen minderbemittelten Volltrottel gehalten zu werden, wenn Sie mal wieder einfach drauflosdenken und
dabei ihre wirren Worte den warmspuckigen Platz im
Mund gegen die kaltharte Realität draußen eintauschen.
Machen Sie Fehler und haben Sie Spaß daran!
Einfach mal Salz statt Zucker nehmen. Und dann nach-
zuckern. Mal absichtlich ne Stunde früher kommen zum
Gespräch beim Arbeitsamt – kann man ja hinten abzie-
hen.
Links abbiegen, aber rechts blinken, why not?
Was soll der Spießerkram! Wenn alle dasselbe machen,
erstickt doch jede Kreativität!
Buchtsaben vertauschen. Worte auch Oder.
Den Schornsteinfeger fragen, wie groß seine Familie in
Afrika ist.
Ben Becker gestrecktes Heroin verkaufen.

Verrückt das alles, gewiss. Aber yeah, that's the Fehler-Fun! Nur so kommen Sie auf richtig, richtig gute Ideen. Hätten wir nicht damals diese verrückt fehlerhafte Idee gehabt, den Laden HANSEPLATTE zu gründen, hätten Sie heute noch keine Ahnung, dass es im Jahre 2011 noch schmucke Tonträger gibt!

Ihr Fehlerteufel Hans E. Platte

Datum: 12. November 2011 00:56:42 MEZ
Von: neuesvonder@hanseplatte.de
An: alle@dadraussen.de
Betreff: Der Sackbahnhof im Plakatdesign: Poster von
Rocket & Wink

Achtung, neulich passierte was in der artsy fartsy Poster-
szene.

Kommen so zwei Typen an und meinen, sie können
schöne Plakate für Bands von sonstwo aus aller Welt
gestalten. Auch wenn die gar nicht angefragt haben, ob
man so was machen soll. Trotzdem haben sie hundert
Poster mal eben aus der Lameng gemacht. Für Bands,
von denen die beiden Designkrähen mal nur ein Lied,
mal das ganze Werk saugroß gernhaben. Und denen sie
huldigen wollen. Die Poster leben von der in den Ent-
würfen innewohnenden einzigartigen Dynamik, mit
ihrer Räumlichkeit, Schwerkraft und Schwerelosigkeit,
aber auch ihrer Linearität und Flächigkeit. Und eventuell
Rhythmik? Sicher auch das. Von den aufs Nanogramm
abgestuften Farbnuancen ganz zu schweigen, schon klar.
Und dann, dann bringen die zwei die Dinger in einem
Sammelband raus. Und ein paar drucken sie als fette
Großsiebdrucke. Ein schnapsiger Einfall der beiden Aasgeier von Rocket & Wink. Einem anonymen Designduo
aus Hamburg. Die wohl ernsthaft glauben, dass diese
ganzen Gruppen aus good old stylo England und dem
Medienland Number One USA keine eigenen Geistesblitze haben. Und sich wohl nicht selber solche anspie-
lungsreichen Poster mit geheimnisvoll irisierender

Form- und Bildsprache mit QuarkXPress oder wie das heißt aus ihren Quer-, Dickschädeln oder aus dem Internet herbeihalluzinieren können.

Inspiriert von Tönen, Akkorden und Harmonien fließen ihre fluoreszierenden Schlammfarben, die polychromen Wolkenkuckucksheime und quecksilbrigen Psycho-Utopien nur so aus den beiden Pixelreitern heraus. Band und Plakat bilden hier ein höheres Drittes, zusammen sind sie mehr als nur die Quersumme. Zusammen sind sie Längssumme, Nonplusultra, Sendeschluss, finaler Aufguss, letzte Hürde, gar der Sackbahnhof im Plakatdesign. Ach, was rede ich, sind sie doch größte geistige Leistung seit meinetwegen Kurt Schwitters oder Jackson Pollock.

Wie multisprachig Rocket & Wink in ihrem Ausdruck sind, wie aggressiv ihre Pigmentierung unsere Nerven auf links drehen kann und wie sehr sie die Grenzen jeder Ästhetik ausloten wollen – all das zeigt jedes Design bei ihnen. Ob man ihren Stil dann »kubofuturistisch«, »kryptosoliptisch« oder einfach nur punky-frech nennt, ist ihnen sowieso wumpe.

Schauen Sie sich die Poster und das Magazin jetzt in unsrem Shop hier an. Es kostet nichts außer Überwindung.

Ihr Minister of Design Hans E. Platte

Datum: 21. November 2011 15:38:51 MEZ
Von: neuesvonder@hanseplatte.de
An: alle@dadraussen.de
Betreff: Live hier: * N. Husseini * Good Morning Diary *
Schadow/Caster *

Die Glotzbebbel aufgestellt, Leude!
Diese Woche sind in der HANSEPLATTE drei Konzerte!
Also umgerechnet jeden zweikommadritten Tag eins.
2012 planen wir die Quote nochmals zu erhöhen und
jeden Morgen zwei weitere Live-Frühschoppen anzubieten. Dazu jede dritte Nacht Nightspecials, jeden fünften
Sonnenaufgang Sunrise-Partys und fast täglich Tages-
bergfest um 13 Uhr mit Live-Mucke. Eventuell Synchron-
konzerte, bei denen 2 weltbekannte Bands akustisch sich
gegenseitig ganze Alben covern, aber da gibt es noch
immer Zeitmanagement-Probleme, weil »Achtung, Baby«
und »The Wall« sind ja nicht gleich lang, aber das kriegen wir schon mit Delay irgendwie hin.
Selbstredend alles mit Live-Stream im Internetz, damit
auch die Amis gucken können.
Naja, Zukunftsmusik!
Erst mal hierbleiben im eh schon rosigen Hier und Jetzt-
gleich.
Bitte besucht die Konzerte von N. Husseini, Good Morning Diary und Schadow/Caster diese Woche bei uns im
Laden.

Und bitte denkt daran: »Ein Mann, der bei einem Kon-
zert ein Feuerzeug hochhält, ist kein Mann.« (Heinz
Strunk oder Botho Strauß)
Live geschrieben von Hans E. Platte

Datum: 10. Dezember 2011 14:41:49 MEZ
Von: neuesvonder@hanseplatte.de
An: alle@dadraussen.de
Betreff: DIE TAGHELFER e.V.

Heute ist der 10. Dezember.

Normaltag!

Der läppischste Tag in der Besteckschublade des Lebens. Der 344. Tag des Gregorianischen Kalenders (der 345. in Schaltjahren), somit bleiben 21 Tage bis zum Jahresende. J. Mascis von Dinosaur Jr. wurde heute vor irgendwann geboren, auch Cornelia Funke. Gestorben sind aber damals heute Otis Redding und Alfred Nobel. Warum bzw. warum nicht. Whynotski!

Heute vor 7 Jahren wurde Berlusconi von irgendeinem Gericht vom Vorwurf der Korruption freigesprochen bzw. aufgrund mildernder Umstände eine verkürzte Verjährungsfrist oder so angewandt. Genau 149 Jahre zuvor ist dem schottischen Erfinder Robert William Thomson ein Patent für den von ihm erdachten Vollgummireifen zuerkannt worden. Und noch weiter davor wurde im Jahre 741 mit Zacharias der bislang letzte Grieche als Papst inthronisiert und der Abstieg Griechenlands begann.

Geht es geringer? Kann ein Tag weniger bieten?

Scheint, dass der 10. Dezember nie bei einem Motivationsseminar war. Den Arsch gar nicht kennt, den er mal hochkriegen müsste! Sich seiner kleinen und lächerlichen Rolle eventuell gar nicht bewusst ist.

Helfen Sie ihm!

Unterstützen Sie DIE TAGHELFER e. V.! Die Taghelfer

kümmern sich um die lost days wie den heute. Päppeln sie hoch, verteilen Bedeutungen, definieren Tage neu – und tragen so zum allgemeinen Aufschwung nicht unwesentlich bei!

DIE TAGHELFER e. V. – eine Spitzensache, finden wir. Und jeder kann was tun! Was KAUFEN zum Beispiel! Kaufen ist Bedeutung, ist Leben! Den Trick wenden auch andere Tage an, warum nicht der 10. Dezember? Also besuchen Sie unseren aktualisierten Weihnachtsshop! Machen Sie den 10. Dezember glücklich! Er hat es genauso verdient wie der großkopferte 6. 12. oder der verdammte Dauersieger 24. 12.!

Mach den Taghelfer!

Make a day a day!

Euer Frühstücksbrettchen Hans E. Platte

Datum: 19. Dezember 2011 13:19:09 MEZ
Von: neuesvonder@hanseplatte.de
An: alle@dadraussen.de
Betreff: DAS GLOCKENSEIL VON ST. STRESS

Lieber Internetzer!

Verstehen wir es richtig, was Sie da in tosender Gesellschaft denken? Sie haben keinen Bock mehr auf perverse Wärme an Glastüren, die Sie einschleust? In Warenhäuser, dessen Regalmeter und Verkaufsinseln zusammengerechnet locker die bebaute Fläche Elsass-Lothringens um ein Vielfaches übersteigen? Und dann diese menschgewordenen Menschen sonder Zahl! Die still Resignierten gleich neben den Irren und den Langsamen. Noch sind sie zu klein, aber bald werden auch die Kinder schnallen, dass Weihnachten vor allem aus den schlimmen Wochen ZUVOR besteht. Soll man die blonde Kleine in der Douglas-Filiale da hinten fragen? Hat die Ahnung von Ahnung? Nein, ist nur diese Woche hier eingeteilt, sonst arbeitet sie woanders ihre Leere ab. Naund und nicht nasowas. Das Neonlicht in den Warenhäusern reizt eh die Augen bis auf die Knochen runter. Der Sound aus ALLEM sowieso. Infektionen lauern, Blicke mauern. Vor Ermattung brechen jeden Dezembertag 39 % aller Verkäuferinnen abends in ihren Läden zusammen – wussten Sie das schon??
Machen Sie da nicht mit. Ziehen Sie nicht auch noch am Glockenseil von St. Stress!
KAUFEN SIE WIEDER IM INTERNET!
IM HANSEPLATTE-WEIHNACHTSSHOP!

Denn dann ist es plötzlich wieder ganz still.
Man hört den Wein atmen.
Gefühlsbeginn.

Ihr Kitschonkel
Hans E. Platte

Datum: 22. Januar 2012 23:38:49 MEZ
Von: neuesvonder@hanseplatte.de
An: alle@dadraussen.de
Betreff: DIE STERNE * NEW BLACK COUPER DECALER
ELECTRONIQUE * FINKENAUER

Ein Mann kommt herein in unser Geschäft. Der Tag ist
gleichgültig. Er fragt nach den »Ein-Euro-CDs«, wo die
denn seien? Schon diese kurze Frage genügt, um dem
Mann unsere Zuneigung zu sichern. Er verdient Ver-
ständnis und Sympathie. Nur haben wir leider keine Ein-
Euro-CDs. Der Mann hustet. Seinen Husten möchten
wir nicht schwer nennen, aber auch nicht ganz ohne. Wo
denn die »Zwei-Euro-CDs« seien? Wieder verneinen
wir. Haben wir auch nicht. Der Mann, er mag um die 40
bis 56 Jahre alt sein, setzt, fast ohne sichtbare Bewegung,
einen Fuß nach dem andern vor und nähert sich. Fragt
nach dem Standort der »Drei-Euro-CDs«, wo stehen
die? Auch diese sind in unserem Geschäft nicht vorhan-
den. Wir fügen dem »Wir haben auch keine Drei-Euro-
CDs« ein bedauerndes »leider« hinzu. Der Mann hebt
die Hand mit einer erstaunlichen Lautlosigkeit und Be-
dachtsamkeit und streckt sie vor. Jetzt erwarten wir eine
weitere Frage, vielleicht eine Bemerkung gar, und wir
täuschen uns nicht. Die »Vier-Euro-CDs«? Nein. Die
»Fünf-Euro-CDs«? Der Mann ändert nicht Tonlage,
nicht Intensivität seiner Frage. Sein Gesicht und Schädel
sind weder behaart noch ganz kahl. Er macht weiter bis
zu »Zehn-Euro-CDs«. Wo die denn stehen? Als wir
gerade zu antworten ansetzen wollen, dreht der Mann
sich mit einer außerordentlich geringen Geschwindig-

keit um. Das unglaublich bedächtige Hutabnehmen und alles andere auch ist uns unvergesslich geblieben.

Diesem Kenner und Liebhaber von Schwierigkeiten möchten wir etwas widmen. Die »Über-zehn-Euro-CDs« dieser Woche:

* DIE STERNE – »Für Anfänger«
Die Band freut sich, dass es sie gab. Das hört man.

* NEW BLACK COUPER DECALER ELECTRONIQUE
Musik aus einem Land, in dem es Wasser nur in Elefantenfußabdrücken gibt.

* PASCAL FINKENAUER – »Techno« (Gedichte)
Das ist ein Buch, das man sicher nicht raschelnd umblättern wird.

Dieser Newsletter ist noch längst nicht vorbei. Ich habe den Eindruck, jetzt, in diesem Moment beginnt er.

Sieht es deutlich: Hans E. Platte

Datum: 31. Januar 2012 21:50:06 MEZ
Von: neuesvonder@hanseplatte.de
An: alle@dadraussen.de
Betreff: KATASTROPHENLITERATUR

»Ungefähr zu einundzwanzig waren wir. Konnte nicht genau zählen, meine Brille war weg. Männer, Frauen, Kinder und ein Seehund. Weiß der Henker, wie der hier reingekommen war. Gleich mir gegenüber ein Ehepaar aus Spanien, der Mann in Wollwäsche, die Frau trug eine potthässliche orangene Protzweste mit einer Troddel am Hals. Daneben ein Mensch mit Mitessern im Gesicht. Flennte irgendwas auf amerikanisch. Als ob das was bringen würde! War wohl ein wenig nass geworden. Für mich ein Déjà-Vu, aber in schlecht. Dann die halbe Großfamilie ganz hinten. Der Junge fing sofort an, unruhig zu werden. Von hier auf gleich! Wohl von der Waldorfschule. Er wolle sofort nach Hause, absolut sofort. Der Vater, mit ganz sanfter aggressiver Stimme, sagte, das ginge nicht. Noch mehr Geschrei. Der Bub langweile sich, erklärte die Mutter gequält. Wir haben alle weggekuckt. Bis mir blöderweise das allgemeine Geruckel die Füße unter dem Boden wegzog und ich hinfiel. Hahaha, geiferte der Junge und riss seinen Mund weit auf. Eine Vogelmöwe kackte ihm dann direkt in den offenen Hals. Für Sekunden hatten alle ihr Schicksal vergessen. Mal wieder typisch Mensch: Stellste einen blinden Indianer neben einen tauben Rollstuhlfahrer, fühlste dich selber sofort besser. Psychologie heute! Hauptsache man selber bleibt klar im Kopf. Gar nicht so einfach, wenn's um einen rum rauscht wie Hölle und die Gedanken Karussell fahren. Mein Opa sagte immer: Man fährt ans Meer, um zu schwimmen, nicht wegen der Mücken. Wahrscheinlich hatte er recht. Endlich plumpste auch Kapitän Schettino in unser Rettungsboot ...«

(Aus den bislang unveröffentlichten Erzählungen des Costa-Concordia-Überlebenden Hermann Schmitz)

***

Wenn Sie einen Verleger mit Sinn für Katastrophenliteratur kennen, melden Sie sich doch bitte!

Hat immer seine Bordkarte am Mann: Hans E. Platte

Datum: 10. Februar 2012 02:22:56 MEZ
Von: neuesvonder@hanseplatte.de
An: alle@dadraussen.de
Betreff: DEICHKINDS NEUE PLATTE

Berlin, letzte Woche.
Hochgeheime Listening-Session der neuen Deichkind-
Platte »Befehl Von Ganz Unten« in den klimatisierten
Räumen der Plattenfirma. Kein Ton darf vor VÖ nach
draußen dringen, die handverlesene Schar Musikjourna-
listen musste seitenlange Verschwiegenheitserklärungen
unterschreiben. Nur Hans E. Platte merkt sich beinahe
jeden Song. Hier exklusiv seine Notizen.

Egolution
Guter Song! Was oberflächlich so klingt wie eine Hymne
vom Stamme Nimm Zwei auf einen selber, ist bei Licht
eine präzis formulierte Komplexkritik an den Auswüch-
sen einer zeigefingernden, auf sich selber abspritzenden
Ich-WG der Generation Degeneration: Dass inzwischen
alle dasselbe tun, nämlich »hier« zu schreien, selbst wenn
keiner ruft. Oder ist das Stück andersrum gemeint? Also
tiefenpsychologisch gesehen eher eine Projektion auf
Selbstsucht und fehlendes Augenmaß beim Spiegelblick.
Wer's wissen will, habe ich gefragt! Ist eh alles auf dem
Erkenntnisniveau eines Ben Becker nachts um drei mittags, wenn Sie MICH fragen!

Pferd aus Glas
Immer häufiger werden in Altersheimen Attrappen von
Bushaltestellen für die Senioren eingesetzt. Busse fahren

die Haltestelle nicht an. Die Dinger haben eine Bank, eine Überdachung, einen fiktiven Fahrplan und sind so von einer echten nicht zu unterscheiden. Die Alten warten dort auf den Bus, weil sie gern in ihre Vergangenheit reisen oder längst verstorbene Bekannte besuchen wollen. Natürlich vergebens, abends geht's wieder zurück ins Heim. Warten auf den Tod. An der Bushaltestelle des Todes. Ein Phantom-Stopp mit allem Drum und Dran kostet 7500 Euro. Darüber sollte man auch mal nachdenken. Deichkind haben das sicher bereits getan. In diesem Song hört man davon nichts.

Herz aus Hack
Ich schweife ab. Träume einen wunderbaren Frühlingsmorgen in the past. Buntspechte zwitscherten, Verlobung war angesagt! Sie: eingehüllt in rotem Plüschmantel mit Pelzbesatz, übers Knie ein Eisbärfell. Ihre feine, geäderte linke Hand hielt ein Baumküchlein, die rechte noch von den vielen Infusionen geschwächt – schwere Wochen waren das zuvor. Mit dem Scheiden des Winters trugen ihr kräftiger Wille und die warme Flanellkleidung den Sieg davon. Ihr Graf war eine herrliche Reckengestalt, aufrecht stolz stand er da in seinem engen Reiteranzug mit langen Stiefeln. »Hö, hö, hö«, lachte er frisch und hallend in den Morgen, riss plötzlich in tollem Übermut über die nahende Menschen-Fusion seine Genesende aus dem Lehnstuhl und wirbelte sie jauchzend in der Luft herum. Herkulisch, doch mit der sicheren sanften Kraft einer Dompteuse von Welt. »Oh du mein Lieber!«, stieß sie atemringend hervor. »Noch immer der Alte, Wilde!« Eine Pracht, die beiden in ihrer Harmonie zu sehen! »Man muss den Stachel löcken, solange er noch

heiß ist!«, versetzte er und haute ihr seine Zunge in den Hals. Gurgelnd brach die Dame zusammen, der Strumpf rutschte, die Perlenkette löste sich kullernd auf. Das 4-jährige Kuckuckskind jagte sofort den glänzenden Kugeln hinterher. Zum Glück hatte Lady Hildegard schon als lediger Backfisch ihr Testament gemacht und ihr Herzblatt großzügig bedacht. So siegte denn doch die Liebe über die Tücke des Schicksals. Verscheucht war die Wolke der Tragik, die sich über die Szenerie anfangs gelegt hatte. Ein guter Song, der inspiriert.

Roll das Fass rein

Kurz mal nachgeschaut: keine Ergebnisse bei google-Deutschland für »In den Arsch reinkacken«. Dagegen ca. 233 000 für »Roll das Fass rein«. Das sagt ja wohl schon alles: Flüssigkeit ist salonfähiger als Brei. Aber dass Deichkind und ihre Beilagenkellner Tobi und Das Bo damit durchkommen, liegt wohl an der votzkrassen Musik. Zuhören mag man den aus Stoffresten von Flat Eric zusammengeklöppelten Beats zwar weniger, aber Platz nehmen die im digitalen Zeitalter ja auch nicht mehr wirklich weg.

99 Bierkanister

Wieder mal hebeln Deichkind mit dieser frechen Nummer sämtliche unsichtbaren Gesetze der Musikbranche, der europäischen Lyrik und der Mittelalterszene aus und stigmatisieren quasi auch noch Dubstep als windige Spaßbremse, denn erlöst sind die 99 Bierkanister in einem Sound aus brutalem Eisenbeton mit gefühlter Temperatur unter dem Nullpunkt: im Hintergrund immer so ein Babygequengel geloopt, dazu klöppeln

Drums aus der Futurismus-Drums-Datei von 1982 und schieben Fanfaren nach erbarmungsloser Art des Hauses. Und fertig ist ein Hit? Entscheiden Sie selbst.

Illegale Fans
Mh, stranges Lied. »Dass Ungeziefer in einem Glashause, wenn es richtig gebaut ist, unbekannt sein muss, braucht wohl nicht weiter erörtert zu werden.« So. Und jetzt wende diese Metapher mal auf illegale Fans an: »Dass illegale Fans in einem Glashause, wenn es richtig gebaut ist, unbekannt sein müssen, braucht wohl nicht weiter erörtert zu werden.« Genau. Glashaus meint uns, die Gesellschaft. Bauherren sind: die da oben. Das Gerüst: Gesetze. Da sieht man, was »nicht« stimmt. Wir, die Fans, jedenfalls nicht »nicht«.

So weit die Notizen.
Jetzt kaufen Sie die neue Platte.

Befehl von ganz unten.

Datum: 21. Februar 2012 12:32:40 MEZ
Von: neuesvonder@hanseplatte.de
An: alle@dadraussen.de
Betreff: TOCOTRONIC * F. S. K. * MOHNA * PINGIPUNK *
DILLON * JENS FRIEBE u. a.

Berüchtigte Augenblicke der Popmusik

11. August 1969: John Lennon denkt an Yoko Onos Einfluss und kommt kurz aus dem Takt.

12. September 1973: Die Mutter von Sido entdeckt im Karneval-Megastore Neukölln eine goldene Totenkopfmaske und eine silberne Spraydose.

22. Juli 1978: Bob Marley raucht eine deutsche Haschzigarette und dichtet spontan seinen Hit »Jammin'« um in: »We are german – I hope you are german, too«.

3. Februar 1979: Die Sex Pistols vergessen alle Akkorde von »Oh, Tannenbaum«, was ihnen aber so was von wumpe ist, weil Weihnachten noch weit weg.

28. Dezember 1982: Andrew Lloyd Webber hat seine eine, seine EINE EINZIGE beschissene Idee.

1. Juni 1989: Ein Sack von diesem Aerosmith-Sänger fällt um.

19. April 1992: Whitney Houston ruft Frank Zappa an, hat aber Bobby Brown an der Strippe.

10. September 2001: Weltweit vergreift sich niemand im Ton, alle schätzen den Zeitgeist richtig ein, es läuft allgemein sehr rund überall.

21. März 2004: Madonna stellt fest, dass sie genauso alt ist wie Michael Jackson und Prince und ja wohl auch ein Sexsymbol, aber eine Frau und der verzeiht man keine Falte, so viel ist mal klar.

1. April 2008: Radiohead oder Coldplay oder beide beschließen, fortan keinen Hall oder Echo mehr zu verwenden.

2. April 2008: Das ist der Tag nach dem ersten April.

9. Oktober 2010: Justin Bieber hat eine Morgenlatte und nimmt sich die gebotene Zeit dafür.

14. Februar 2011: Peter Fox trinkt einen Bananenshake, zieht sein Affenkostüm an und »trommelt« schmunzelnd seine Band Seeed wieder zusammen.

4. November 2014: Thomas D, Xavier Naidoo, Tim Bendzko, Udo Lindenberg, Nena und Rosenstolz treffen an einer Leipziger Hotelbar zufällig Sarah Connor, Thomas Anders, die Silbermond-Sängerin, Bushido und den Nerv von sich selber und bauen mal so richtig Scheiße.

**

UND NUN ZU ETWAS GANZ ANDEREM!
DEN NEUERSCHEINUNGEN DER WOCHE!
IM MODERNEN STAKKATO-STIL!

Tocotronic-Jutebeutel
F. S. K. – ihre ultrarare LP »Stürmer« ist rereleast!
Mohna – The Idea Of It
Pingipung Soundsystem – Mixed For A Beta World
Kassette
Dillon – Remix-12"
Korall – Vergiss dein Beautycase
Frau Potz – Lehnt dankend ab
Bum Khun Cha Youth/Jens Friebe feat. Vera Kropf
Split 7"

ES HÖRT NICHT AUF!
BUCHSTABIERT NUR NOCH GROSS:

HANS E. PLATTE

Datum: 28. März 2012 10:47:43 MESZ
Von: neuesvonder@hanseplatte.de
An: alle@dadraussen.de
Betreff: 30. 3.: FELIX KUBINs Orphée Mécanique.
Live-Listening + Neukubine

Liebe Gegner von Beilagenkellnern.

Hier haben wir mal einen richtigen Sonderfall. Haupt-
speise, Nachtisch, Dessert und fette Schöpfnudel in
einem.
FELIX KUBIN.
Man dünkt sich automatisch alt und obenrum arg limitiert, beschäftigt man sich mit dem Werk dieses sehr
umtriebigen Universalkünstlers: So oft erscheint was
von ihm, so anmaßend-richtig ist seine Bandbreite und
so unendlich wirkt die ihm entströmende kreative
Energie. Gern spielt Felix Kubin auch mal in einer
teosophischen Kirche, in der Menschen normalerweise
Kontakt mit ihren verstorbenen Vorfahren aufnehmen.
Und da ein Hörspiel, hier eine Theatermusik, dahinten
ein experimentelles Experiment gegen die Schwerkraft.
Es hört bei Kubin nicht auf. Dann noch eine Ausgra-
bung aus seiner spätpubertären zu Hause aufgenomme-
nen Synthie-Tape-Phase auf einem amerikanischen
Label, eine para-elektronische Kompositionsreihe (eventuell in Russland uraufgeführt), eine neodadaistische
Collage für Fans neodadaistischer Collagen und demnächst eine kryptovisionäre Drehtür auf Margarinen-
basis?
Quatsch. Die Drehtür ist Quatsch.

Felix Kubin, wie kommt man dir bei?

Unser Vorschlag zur Güte: Wir verlinken in verschiedene Einflugschneisen des zuckenden Kubinschen Œuvres, und Sie verlieren sich schön.

Und wir hören uns zusammen mit ihm sein neues Hörspiel in der Hanseplatte an! Auswärtige oder Babysitter machen dies bitte in Räumen außerhalb Hamburgs. Also:

1. SEIN NEUES HÖRSPIEL IN URAUFFÜHRUNG!
Orphée Mécanique.
Wir hören es mit Kubin am Freitag, 30. 3., in der Hanseplatte an. Ab 20.30 Uhr, Stream startet pünktlich um 21.03 Uhr, bitte frei eintreten!
Internetzisten und Radiologen, die nicht als Körper kommen können, bitte hier online hören.

2. Seine neue LP TXRF bei Richard v. d. Schulenburgs Label IT'S. Eine eigene Klangwelt voller gepeinigter und unterdrückter Geräusche!

3. Er bekam neulich den Hörspielpreis PRIX PHONURGIA NOVA in Paris für »Säugling, Duschkopf, Damenschritte«. Kann man sich auch komplett anhören!

4. Sein altes Teenager-Stück »Japan Japan« von 1985 (4-Spur-Aufnahme, die er mit 16 gemacht hatte), eine Coverversion des gleichnamigen Hits von Abwärts, ist bei Stones Throw (LA) und Minimal Wave Tapes (NYC) auf dem Sampler »The Minimal Wave Tapes II« erschienen.

5. Und quasi außerhalb Mexikos NUR BEI UNS (echt wahr) eine neue Compilation von ihmchen: »Axolotl Lullabies«.

Also los, bitte rein in den Kubin.
Ich war schon da, ich habe es nicht bereut.

Ich verbleibe.
Hans E. Platte

Datum: 1. April 2012 06:42:02 MESZ
Von: neuesvonder@hanseplatte.de
An: alle@dadraussen.de
Betreff: Die HANSEPLATTE zieht um

Ausnahmsweise in ganz eigener Sache und ohne Ton-
trägernews.

** **

Liebe Freunde.

Die Hanseplatte zieht um – leider. Aber wir müssen.
Die Gründe liegen auf der Hand. Steigende Mieten, eine
systematisch ausgedünnte örtliche Kulturszene und das
massive Clubsterben veranlassen uns zu diesem Schritt.
Und der ist kein leichter: Seit 6 Jahren halten wir den
wahren Waren, dem lauten Schönen und leider Geilem
die Stange, aber nun ist es Zeit zu gehen. Mehr möchten
wir dazu gar nicht sagen.
Ab Mai geht es für uns in Berlin weiter. Genauer gesagt:
in der Kastanienallee 97.
Bleibt uns bitte auch dort verbunden. Online geht es ja
für alle, egal wo man ist, normal weiter.
Mit einer Träne im Knopfloch des Troyers:

Euer Hans E. Platte
Hamburg, den 1. 4. 2012

** **

PS: Alles können und wollen wir natürlich nicht mitnehmen. Wer uns beim Ausräumen der Lager helfen möchte
oder Ideen für die voraussichtliche zweiwöchige Leer-
standsphase unseres Ladengeschäfts hat, maile an info@
hanseplatte.de.

Datum: 2. April 2012 12:36:00 MESZ
Von: neuesvonder@hanseplatte.de
An: alle@dadraussen.de
Betreff: STEREO TOTAL * DOCTORELLA * KOZE * RAZZIA * AUDIOLITH

HH, den 2. April 2012.
Die Elbphilharmonie muss kalt abgerissen werden, weil ihre Silhouette ein Uralt-Graffito des weltberühmten Schmierers OZ verdeckt.

HH, den 3. April 2012.
Der Hamburger Hafen wird komplett leergepumpt für die ersten »Dry Harbour Days« – man kann überall im Schlick rumspazieren zwischen Fress and Fun für Jung und Alt.

HH, den 4. April 2012.
Uwe Seeler wickelt sich in Klarsichtfolie und geht zu Karneval als Ei im Glas.

Nee, Leute. Ist klar!!! Alles Fantasie! UND DASS WIR UMZIEHEN NACH BERLIN, DAS WAR GESTERN EIN APRILSCHERZ! Wir können doch gar nicht umziehen. Mit unserem Programm. Außerdem hätten wir eh nix verkauft da in Prenzlmitte. Eine Weissagung eines Lesers: »Was wollt ihr denn in der Kastanienallee? Ich wohne da, ich weiß, da ist es scheiße: teuer, keine Clubs, unkultiviertes Personeninventar. Mannmannmann.«

Und euch nicht vorzuenthalten ist auch der beste Vorschlag für die Namensänderung des Geschäfts: »Spree-
waldgurkenmusik«.
Harhar. Nein, die HANSEPLATTE bleibt in Hamburg.
War aber tatsächlich in Berlin und hat was mitgebracht:

Etwa die neue STEREO TOTAL-Single »Die Frau In
Der Musik« (limitiert auf 500 Stck.)! Auf STAATSAKT,
dem Label, das ebenso wie der April macht, was es will.
Neu auf dem gefühlt ältesten Label Hamburgs Zick-
Zack kommt DOCTORELLA ihrsein Debütalbum: Es
heißt »Drogen und Psychologen« und klingt wie eine
Tee-Kaffee-Mischung morgens, also romantisch und
garstig.
Auf Audiolith erscheint die langersehnte Debut-EP
von FUCK ART, LET'S DANCE, einem Minikollektiv
zugereister Rave-Künstler, die die Nacht zur Nacht
machen.
Bereits erschienen und zu Recht so beliebt wie ein Son-
nenaufgang im Schlierenschein des Badezimmerfensters
morgens: die neue APPARAT-12" mit DJ Koze-Remix.
Ist der Tag die Härte, gibt es nur zwei Lösungen. Eine
Razzia oder eine andere Razzia: Schön aufgemachte
ReReleases von RAZZIA auf CD und Vinyl.
Nicht zu vergessen ist am Abend eines Tages, wie wohl-
tuend ein minimaler Aufguß sein kann. Auf Smallville
gibt's die neue 12" vom MOOMIN »Sleep Tight«.

Denkt immer daran: Das Neue braucht Freunde!

Euer Funner Hans E. Platte

Datum: 9. Mai 2012 17:35:06 MESZ
Von: neuesvonder@hanseplatte.de
An: alle@dadraussen.de
Betreff: Jan Delay. Frittenbude. F. S. K. Das Bierbeben.

HEUTE STEHT DEIN ASZENDENT GÜNSTIG: NÄMLICH AUF BOCK!

Wenn Du Einkäufe planst, dann jetzt. Das Geld ist knapp? Egalometer, mal die Spendierhosen anziehen. Gleich Vollmond ausnutzen und hallo, stimmt so! Die Welt ist der moderne Treffpunkt für jeden: Nun die Gelegenheiten wahrnehmen. Sich zerreißen zwischen Tradition und Moderne! Wer den Wal hat, hat auch die Harpune. High-Tech-Sportswear trifft auf Street-Avant-garde. Du kannst Wikipedia helfen, indem du recherchierst und einfügst, aber bitte kopiere keine fremden Texte. Lieber heute Ja zum Alter sagen! Jung sein und jung gewesen sein kann ja jeder. Eventuell nicht mehr rauchen, sondern weniger. Überall als Freund kommen. Ursprünglich Journalismus studieren! Nicht nur Neider sehen, auch mal selber was neu labeln. Sorry, die nächsten Tage kein Hinduist werden. Sätze alle mit »Sorry« anfangen. Oder mit »Ich muss ganz ehrlich sagen«. Tue dem anderen Geschlecht schön und fahr die Ernte ein. Ich habe DIE ZEIT abonniert und nicht die FRÄULEIN UNTENRUM, Herr Postbote! Geliehene Streichhölzer wiederbringen! Ruhig Blut, Abba reimt sich auch noch morgen auf Zappa. Auf die Zukunft aufpassen und sie nicht vermasseln. Cum grano sale! Mal in die Annalen eingehen. Die Spinne hat doch mehr Angst als Du. Offene Bugtore verheimlichen oder Führunglücke ver-

meiden! Nicht auf Bluter schießen. Mal das große Labberige anziehen anstatt das kleine Schwarze. Duo Expressis, aber pesto, Malte! Liebestechnisch ist Sex keine gute Idee diesen Monat. Spontane Gedanken vermeiden und Obacht vor mittelprächtigen Musikneuheiten. Lieber die hier nehmen:

JAN DELAY: Hamburg brennt!! DVD
Was für Ohren, Augen und das dazwischen! Gelegenheit!
FRITTENBUDE: Delfinarium CD und Doppel LP
Am besten täglich und das jeden Tag!
F. S. K.: Akt, eine Treppe hinabsteigend LP (inkl. CD)
Machen Sie sich mal keinen Kopf, das machen die schon!
DAS BIERBEBEN: Der letzte Pinselstrich 7"
Nehmen Sie es gelassen, dass das wieder sehr gut ist!

Herzliche Grüße
Ihr Transzendent in der Realität: Hans E. Platte.

Datum: 8. Juni 2012 16:23:00 MESZ
Von: neuesvonder@hanseplatte.de
An: alle@dadraussen.de
Betreff: DNTEL * BESSERE ZEITEN * STEREO TOTAL
* URSPRUNG

Na, Volk ohne Raumdeckung?

Dass wir seit unfassbar langer Zeit keinen Newsletter mehr verschickt haben, das hatte vielschichtige Gründe, die selbst Mehrheiten nichts angehen (Rache, Große Hafenrundfahrt, Harn- und Holzwege). Nun steht hier aber inzwischen so viel gute Musik rum, dass allein die Aufzählung jedem neugierigen Ohr Beine macht, mit denen es zu uns laufen würde. Ähem.

Es gibt Neues von Robag Wruhme, Roman Flügel, Nice New Outfit, Wolke, Moomin, Digger Barnes, Lawrence, Ursprung (Pantha du Prince & Stephan Abry), Frau Kraushaar, Bessere Zeiten, Stereo Total, Richard von der Schulenburg, DNTEL, Fehlfarben, DIE LIGA DER GEWÖHNLICHEN GENTLEMEN, Notgemeinschaft Peter Pan und und und.

UND UND UND.

Also bitte in unseren Shop reinlinsen. Jede Bestellung vor und während der EM kommt der deutschen Nationalmannschaft irgendwie zugute.

Ab jetzt wieder sehr regelmäßig:

Ihr Berti Vogts der deutschen Newsletter,

Hans E. Platte

(Hartnäckig ** Zu kurz gekommen ** Schnell beleidigt)

Datum: 31. Juli 2012 14:48:36 MESZ
Von: neuesvonder@hanseplatte.de
An: alle@dadraussen.de
Betreff: PALMINGER & KINGS OF DUBROCK:
FETTUCCINI-LP/CD + Ladengig + Tour

Liebe Fische, Waagen, Steinböcke, Jungfrauen, Wasser-
männer, Schützen, Widder, Stiere, Löwen, Zwillinge,
Krebse, Skorpione und Geschäftsführer.

Umarmt diese Platte! Umarmt dieses Trio! »Fettuccini«
ist da. Von den Kings of Dub Rock. Jacques Palminger.
Viktor Marek. Rica Blunck. Weil Humor noch nie so viel
Bass hatte.

Sie nennen es Dub Rock. Denn die Kings of Dub Rock
sind eine Maschine für Assoziationen. Jacques Palminger
hangelt, fließt und angstfantasiert, Rica Blunck hat fünf
Sprachen aufgeschnappt und Viktor Marek lässt seine
Maschinen rattern. Und die Musik ist nicht minder asso-
ziativ, kein braver Teppich für die Worte.

Das Album enthält kein Gitarrensolo. Dub Rock ist nicht
gemacht für Soli. Sein Klang ist warm und gelegentlich
schwitzig. Ein dichter Raum, der auf tiefen Frequenzen
schwebt. Ein Raum, der aus Harmonie, Liebe und Respekt gebaut wurde. Zwischenmenschlich und ohne
Dogma. Die Musik orientiert sich am Sommer, aber man
kann sie auch im Winter hören.

Bevor sie ihr zweites Album verschraubten, sind die
Kings Of Dub Rock viel getourt, sie sollen sich blendend
verstanden haben. Sie haben auch viel Enzensberger gelesen und sich gegenseitig vorgelesen, doch seine Afro-

zentrik wurde ihnen zu viel. So hörten sie lieber Musik: Von King Tubby zum Beispiel. Der Jamaikaner prägte die Urform der elektronischen Bassmusik – den Dub. Er wurde erschossen.

Sie hörten auch Adriano Celentano. Der Italiener zeigte der Welt, dass Albernheit auch sonntags, vollkommen verkatert, genossen werden kann. Und sie hörten den Nigerianer Fela Kuti, der seine Vision von Gesellschaft auf die Bühne brachte, mehr Kinder zeugte als Dschingis Khan und dann ebenfalls zu Grabe getragen wurde.

Doch all die Toten werden nicht beklagt, ihnen wird gehuldigt. In einem outer-terrestrischen Voodoo-Zeremoniell, einem Inferno der Geilheit, das keine Zweifel an der pathologischen Unangepasstheit der Beteiligten aufkommen lässt. Dub Rock hat sich dank »Fettuccini« vom Genre zum Planeten entwickelt. »Ihnen zuzuhören gleicht einer Massage des Geistes.« (ByteFM)

Dieser Pflichtkauf von Welt ist hier in der Hanseplatte angekommen. Man kann ihn bestellen oder gleich aus den Händen der drei mitnehmen, denn sie kommen selber vorbei und legen auf!!

FETTUCCINI
»Drink & Food« Soundsystem
Am Donnerstag, den 02. 08. 2012
ab 20 Uhr bei uns im Laden.

Die Kings of Dub Rock werden ausgestattet von Gegenwart und Vergangenheit.

Datum: 14. August 2012 19:05:21 MESZ
Von: neuesvonder@hanseplatte.de
An: alle@dadraussen.de
Betreff: Bonaparte. Tocotronic. La Boum Fatale.
HH-Küchensessions. Keine Zähne im Maul …

Ey, Leute, wir haben uns mal einfach ein paar Gedanken gemacht.

Aktuell hier zu 2012 – das ist wirklich ein verrücktes Jahr! Was da nicht alles neu passiert ist in den Bereichen Mode, Politik und Brauereiwechsel. Nie zuvor hat man gespannter auf einen Fehler von Gott gewartet. Aber Pustekuchen. Das Ding Erde läuft auch heuer so flott wie der Schnull aus einem 6-monatigen Sabber-Baby mit Heuschnupfen. Obwohl eine Renaissance von 2011 jetzt im Spätsommer schon wieder in der Luft liegt, sagt Genosse Trend! Dem immerwährenden Zyklus entkommt keine Hebamme, so sagt man, also erst recht nicht wir. Alles kommt wieder: der Euro, Schlamassel, Bilder eines Jahres, Flut, heiße Promi-Ladys, Aufreger der Woche, Sonne, Mond und Sterne.

Klar, auch 2012 wird seine unzerreißbare Schleimspur hinterlassen und 2013 richtig rannehmen in puncto Amüsiersucht und Ereignisdichte.

Aber 2011, das war schon eine Hausnummer mit Sternchen! Wer erinnert sich nicht an die Zukunftswahlen in Niedersachsen und die Mega-Hüpfburg beim Motorradgottesdienst? An Steve Jobs' quälenden Penisneid? An Gib-mir-fünf und 1000 Nadelstiche?

Die Hitparaden dominierte voriges Jahr die charmante Unsympathin Adele und der Kotzbrocken David Guetta –

und beide wiegen kulturell gesehen auch 2012 so viel wie die ganze Menschheit.

All das sind Gedanken, die sich jeder mal machen sollte. Bevor es ganze Wale als Sushi gibt.

Und nun zu den Musiken der Zukunft von gestern!

1. Die neue BONAPARTE: »Sorry, we are open«! Da wird gezaubert, bis die Nase tropft!

2. Das tolle Debüt von LA BOUM FATALE. Sphären, Kunstschnee, entspannt groovend.

3. TOCOTRONICS »K.O.O.K.« als Vinyl-Reissue mit Bonustracks. Schon damals ein Fanal gegen die Hässlichkeit.

4. Der Sampler »Hamburger Küchensessions« mit u. a. Gisbert zu Knyphausen, Tom Liwa und Wolfgang Müller. Wer die nicht nimmt, ratzt auf dem Sofa.

5. Und der gerechte Erstling von KEINE ZÄHNE IM MAUL ABER LA PALOMA PFEIFEN namens »Postsexuell«! Hart, schnell, zupackend.

Danke.

Euer Künder des Kommenden Hans E. Platte

Datum: 31. August 2012 11:25:29 MESZ
Von: neuesvonder@hanseplatte.de
An: alle@dadraussen.de
Betreff: BRATZE * ROBAG WRUHME * 206 * ZUCKER/
TRÜMMER

Mensch zu sein war nie einfach.

Die Leute, die noch ohne Smartphone, Spoon-Pranks
und fritz-kola leben mussten, sind alle gestorben. Die
hatten keine Chance!
Von hierheute sehen die Menschen von früher eh ganz
klein aus. Wie Ameisen, irgendwie mickrig. Wozu die
alle gemacht wurden? Wussten sie selbst nicht, aber
Hauptsache da sein. Und so alternativlos leben – auch
eine Unart der Vergangenheit.
Allein, wie die noch Arbeit definierten: beruflich so
wenig Jobs wie möglich, geistig unflexibel, nicht mal
bereit, ab und zu 140 Zeichen in Echtzeit abzusondern.
So sah es doch aus! Was soll man mit Geld, wenn man
keins hat – das war die Einstellung damals! Die Zukunft
als Mondlandung sehen, keine Zielgruppe sein wollen,
Eltern ohne Tattoos haben – alles Irrwege ohne Wende-
möglichkeit.
Zum Glück sind die Zeiten nun anders: Man kann sich
was komplett sammeln, man kann auch ungesund ficken
und sich von unten in die Hose regnen lassen. Und Roh-
linge sogar bei Aldi kaufen.
Eine Welt, die so richtig überlappt. Unsere Welt. Aus den
Augen eines Sachverständigen gesehen. Zum Glück gibt's
ab Oktober »Facebook für Tote«.

Genug!

Am Wochenende waren Gäste aus Oberammergau da und haben Platten dagelassen: KOFELGESCHROA! »Das Eigensinnigste, Beste, Schönste, Roheste, was ich seit langem gehört habe!« (Eric Pfeil, FAZ)

Eine wunderbares Konzert war das und eine wunderbare Platte.

Hoast mi?

Dein Hans E. Platte

Datum: 13. September 2012 17:35:06 MESZ
Von: neuesvonder@hanseplatte.de
An: alle@dadraussen.de
Betreff: TAG DER GECOVERTEN TÜREN

Liebe Gesichtswascher.

Die Sonne scheint eventuell auch auf andere Platten, die heute erscheinen, aber sie scheint bei der neuen DIE TÜREN-Platte nicht nur auf eine neue Platte mit Musik drauf. Sie scheint auch auf 10 Jahre: 10 Jahre Gründe. 10 Jahre Staatsakt. 10 Jahre DIE TÜREN.

Sie scheint auf das Label mit Künstlern wie Ja,Panik, Stereo Total, Zwanie Johnson, Viktor Marek & Ashraf Sharif Khan, Christiane Rösinger, Locas in Love, Andreas Dorau, Frank Spilker, Jacques Palminger, Bonaparte, La Stampa, Carsten Meyer, Die Heiterkeit, Mediengruppe Telekommander, Mittekill, Hans Unstern u. a.

Die Sonne wird heute noch ein klein bisschen höher steigen und auf ein Manifest scheinen. Das Gubener Manifest. Jede Zeile dieses Textes erleuchtet sie bis in die letzten Ritzen. Viele Strahlen fallen sogar durch die Lücken zwischen den Buchstaben hindurch und lassen auch dort etwas aufblitzen.

Und dann steigt die Sonne allmählich auch über der DIE TÜREN-Platte auf: Deren ABC…-Album wird darauf von Staatsakt-Künstlern vollständig gecovert. Die CD-Version liegt dem bald erscheinenden neuen MUSIKEXPRESS bei. Die Vinylversion gibt es bei uns jetzt schon, heller wird's kaum noch.

Und nun, nun steht die Sonne ganz oben. Da, wo Kunst und Kummer, Wanst und Wummer, Hans und Hummer mit Schmackes ins All leuchten. Alles mit allem sich verbindet, verfeindet, verfreundet, verkooperiert und verspielt. Laxheit, Sturheit, Freiheit!

Seht doch, jedes Stück der neuen DIE TÜREN-Platte gibt es auch als Video. JEDES!

Über uns wölbt sich der Himmel, der Staatsakt heißt. Die Sonne wandert wieder runter und wärmt den Rest des Tages. Es fühlt sich absolut wirklich an.

Danke an Staatsakt für alles.

Dein Fan: Hans E. Platte

Datum: 24. September 2012 12:54:57 MESZ
Von: neuesvonder@hanseplatte.de
An: alle@dadraussen.de
Betreff: Bernadette Hengst * Harry Rowohlt * Boy Division *
Umberto Echo * Pollen

»Liebe(r) Steuerzahler(in)!« (Finanzamt Altona)

Hier unsere »Neuigkeiten« (tageschau.de) – alles dabei!
»Indie, Punk, Literatur, Krautrock und Reggae« (amazon)!

1. Die »sympathisch kritische« (BILD) »Vorzeigeakti-
vistin und Theatermusikerin« (FAZ) BERNADETTE
HENGST hat eine »neue Platte gemacht« (Musikwoche).
Sie heißt »Integrier mich, Baby!« und ist »wahrhaftig«
(Ulrich Wickert) »sehr lecker« (Jamie Oliver) geworden,
weil »Frau Hengst« (Der Galopper) hier »charmant«
(Brigitte) und »durchaus gekonnt« (OBI-Kundenzeit-
schrift) »Politik und Gewissen« (Theater heute) und
»Groove« (HHV-Magazin) »zusammenführt« (Märklin
heute). »Schwarz oder silber« (Juwelier inside).

2. Der »vollbärtige« (Mopo) »Vollblutlyriker« (McDo-
nalds Kino-News) HARRY ROWOHLT hat sich den
»populärsten Erzähler der amerikanischen Gegenkultur
der 6oer- und 7oer-Jahre« (Brockhaus), Kurt Vonnegut,
»vorgenommen« (St. Pauli Nachrichten). Das »beste
Doppel-CD-Hörbuch« (Hifi-Forum) seit »der« (Business Punk) letzten Harry Rowohlt!

3. Auf Tapete erscheint »heuer« (Süddeutsche Zeitung)

das Debüt »Brighten & Break« von POLLEN. Die sind »aus Seattle« (Grunge-Lexikon) und ihr »ätherischer, mehrstimmiger« (ADAC Motorwelt) Gesang ist »nicht von dieser Welt« (Stern). Mit Leuten »von« (Gema-News) Fleet Foxes »zum Bleistift« (witzcharts.de)!

4. Die »nimmermüden« (TV Spielfilm) »Low-Fi-Feinschmecker« (Handelsblatt) BOY DIVISION haben sich wieder vier »Krachern« (Spiegel online) aus dem »Bereich Post-Punk« (Musikexpress) gewidmet: Joy Division, Gang Of Four, Heaven 17 und The Clash werden »abgewatscht« (Kicker). Das Cover von »Damaged goods« »gestaltete« (Architektur heute) der US-Künstler Jay Ryan – »dekonstruktivistisch passend« (Joko & Klaas)!

5. Fehlt noch das »famose« (Riddim) UMBERTO ECHO-Werk »Dub the World«! »15« (Adam Riese) mehr oder weniger »bekannte Songs« (Die Zeit) hier als Dubversionen – mit Seeeds »Aufstehn«, Gentlemans »Dem Gone« und auch Versionen von Damian Marley, den Stereo MCs »sowie« (Psychologie heute) Up, Bustle & Out. »Gehen auf ihre Art ins Ohr und auch ins Bein« (Pschyrembel).

Also »tschüß und auf Wiedersehen!« (Deutsche Bahn)

»Ihr« (Missy Magazine) Hans E. Platte

**

»Nutzen Sie zur Verkaufsförderung Zitate! Zitate sind das Salz in der Suppe, wenn man gestolpert ist mit der Terrine und die ganze Suppe auf den Boden gepladdert ist, Sie Schussel oder Schwein.« (Zitate.de)

Datum: 30. Oktober 2012 17:35:06 MEZ
Von: neuesvonder@hanseplatte.de
An: alle@dadraussen.de
Betreff: JOHN SINCLAIR * CAPTAIN PLANET * SOUNDS OF SUBTERRANIA

Newsletterzeit = Fragezeit. Heute mit – dingding – Jugendkulturen, Drogen, Musik und Sex. Bitte kreuzt an.

1. Was ist für Dich Punk heute?
a) Haare mit fritz-kola am Kopf festbappen? b) Toleranz? c) Kacken ohne Abwischen?

2. Wo bekommt man noch Spürung, welche Thrills sind aktuell?
a) Ketamin mit iPhone-Blitz bleichen und dann in die Augen schaufeln? b) Nur im Lichthemd arbeiten (also nackt)? c) Verstand an der Garderobe abgeben?

3. Wohin geht die Reise musikalisch, was wird Trend 2013?
a) Demo-Aufnahmen, z. B. 1.-Mai-Demo? b) Wild vor sich hindenken, mit Déjà-Vus und Abschmunzeln? c) Schweine pfeifen lassen?

4. Sexuell gesehen, was kommt demnächst als Perversität aus den USA?

a) Hornissen den Stachel ziehen und dann penetrieren? b) Sich selbst ins Knie ficken und abtreiben? c) Pupse mit dem Mund aufnehmen, durchkauen, eventuell mehr-fach?

Ähem.
Die Neuheiten. Menschlich gesehen:

1. Die unfassbar gruselige JOHN SINCLAIR-Dop-pel-CD – mit Tocotronic, Xavier Naidoo, Dorau, Nena, Deichkind und anderen Gespenstern. 2. Lassen wir sie im Laden laufen, wird sie umgehend abgekauft: Brillante 12" von RSS Disco namens »Very«. 3. So punky kann Punk sein: CAPTAIN PLANETs neue »Treibeis«. Sehen & kaufen! 4. SOUNDS OF SUBTERRANIA, das umtrie-bige Label Freddy Fishers, hat auch zwei neue Sachen draußen: – GRUPPE 80 (NDW, Punk, mit Trio-Drum-mer Pete Behrens!) – Limitierte MONSTERS-LP mit selbstgebauten Holz-Schiebe-Cover-Spiel!! – Die wun-dervolle Lo Fat Orchestra LP! 5. Die geniale BOY DIVI-SION-Single ist endlich da.

Ich verzieh mich wieder, mein Schuhputzer wartet.

Heute irgendwie verschwiemelt/schweinös drauf:
Hans E. Platte

Datum: 8. November 2012 12:55:06 MEZ
Von: neuesvonder@hanseplatte.de
An: alle@dadraussen.de
Betreff: Produktverbesserung

Lieber Gast!
Dear Guest!

Nur durch Ihre Kritik können wir uns verbessern!
We want to improve our performance – you can help!

Sind Sie zufrieden mit unseren Wochenneuheiten?
Are you satisfied with the weekly news?

Bitte gehen Sie sie einzeln durch, markieren sie Ihre
Begeisterung und schicken uns diese Emoticons zurück:
Please mark every article and send the choosen emoti-
cons back:

:-) = Das Produkt würd ich mir nackt auf den Bauch
binden!
The product I'd tie me naked on my stomach!

:-o = Helle Begeisterung, muss Wasserlassen vor Freude!
Bright enthusiasm! Must urinate all day long!

:-D = Wow. Darauf hat meine Zofe schon lange gewartet.
Wow. My maid has been waiting for this.

:-P = Lache laut auf. Roll rum. Macht mein Tag.
Lol. Rofl. Makes my day.

(-: = Bin Linkshänder.
I'm left-handed.

Vielen Dank, dass Sie sich die Zeit genommen haben!
Thank you for your cooperation.

Herzlich, Ihr
Yours

Hans E. Platte

Datum: 15. November 2012 05:35:07 MEZ
Von: neuesvonder@hanseplatte.de
An: alle@dadraussen.de
Betreff: Das Geheimnis des Erfolgs

FRAGE: Lieber Hans E. Platte. Sie haben in der Vergangenheit sehr viele Newsletter entworfen. Was ist das Besondere an diesem Werkstoff?

ANTWORT: Nun, Worte sind für mich eine sehr direkte Art, jemandem was zu verhökern. Eine emotionale Zugbrücke, bei der man allerdings aufpassen muss, dass sie dem Kunden nicht auf den Kopf fällt, bevor man ihm einen Helm angedreht hat.

FRAGE: Inzwischen schreiben Sie ja anders als noch vor Jahren, richtig?

ANTWORT: In der Anfangszeit habe ich noch mit geseiften Dumpingpreisen, Lockvögeln mit tiefem Dekolleté und Sentenzen aus der Hypnose gearbeitet, aber ich merkte, das ist nicht unser Stil. Inzwischen halte ich mich an ein, zwei klare Gestaltungsprinzipien: Reduktion und Geschwätzigkeit.

FRAGE: Wichtig scheint Ihnen auch die genehmigungsfreie Verschraubung mit sozialpolitischen Brennpunkten.

ANTWORT: Oh ja! Hanseplatte-Newsletter sind meist sehr dicht gewebtes und hartes Material, das Zeitlaufstößen trotzt und wegen seiner feinen Struktur einfach eine schöne Patina bekommt. Das merkt man, wenn man mal bei einem guten Glas Milchschaum in alten Outlook-Ordnern von 2004 ff. stöbert und wer tut das nicht?

FRAGE: Sind Ihnen Reaktionen wichtig? Oder sind Sie ein Cowboy, der seine Kugeln nie wieder sehen will?

ANTWORT: Da bin ich sehr uneitel und verlange von meinen Lesern allenfalls Solidarität, sorgfältiges Studieren jedes Nebengags und natürlich ordentlich Bestelleingänge. Sehen Sie, für mich sind die Newsletter eine Art Fluss aus Leberwurstpaste, der in die Pressmaschine muss. Schön, wenn da jemand mitschippert und Trüffel reinpackt, aber beleidigt ankommen tut man auch so.

FRAGE: Das klingt doch sehr geheimnisvoll, dazu arrogant und feinsinnig zugleich!

ANTWORT: Ist es auch, ist es auch, Sie wunderschöne Vogelscheuche!

(Interview: Alexandra Gehringer, aus »N.E.W.S. – Das Kettenbriefmagazin For Professionals«, Nov. 2016)

Datum: 28. November 2012 11:20:30 MEZ
Von: neuesvonder@hanseplatte.de
An: alle@dadraussen.de
Betreff: AUDIOLITH # WENZEL STORCH # BEGEBERND #
ALMEDAHL # ST. PAULI

Guten Tag. Hier ist Ihr Abrater.

Abrater sind die neue Windung in der Konsumschraube.
Denn man weiß erst, was man kaufen soll, wenn man
weiß, was man NICHT kaufen soll. Ganz pauschal
möchte ich heute von jedem Kauf von jeglichem
Schmonzes fürs Zuhause-Rumstehen auf den frisch
eröffneten Weihnachtsmärkten abraten.
NICHTS DAVON KAUFEN! NICHTS.
Man muss das ganz eng sehen. Die einfache, sichere
Methode. Nichts, aber auch gar nichts hat dort länger
Bestand als bis Silvester, dann fällt der Scheiß sowieso
auseinander. Riecht auch alles schlecht, die Farben sind
direkt aus der Hölle, die Sinnlosigkeit der Produkte
selbst für einen taub-blinden Einzeller Kloßbrühe.
Am besten wäre: die ganzen Amulette, den niedlichen
Figuren-Nippes und das hässliche Dekorationsgedöns
einstampfen und aus der grauen Paste dann praktische
Sachen machen, die man sich so auf die Fensterbänke
oder Vitrinen zu Hause hinstellt. Oder sich, dem Hund
oder Oma umhängen kann. Vielleicht mal so Art Tasse
machen, in die man Blumen aufrecht hinstellt, damit die
nicht immer einfach so längs auf dem Tisch liegen müssen. Oder auch ne ganz gute Idee für Kerzen: damit man
die nicht, während sie brennen, die ganze Zeit in der

Hand halten muss, einfach aus der Restepaste so was wie Standröhren mit Loch oben dengeln, in die man dann oben die Kerzen reinstecken kann.

Na, ich schweife ab, ich hab halt immer noch ne gute Idee. Wichtig ist mir heute als Abrater jedenfalls klarzustellen: Weihnachtsmärkte gehen gar nicht. Online-Shops von kleinen Hamburger Läden hingegen sehr. Zum Glück befinden wir uns gerade in einem!

Die Hanseplatte-Neuheiten dieser Woche: FÜR AUDIO-LITHER: Fuck Art Lets Dance-7"! FÜR SAMMLER: Rocko Schamonis »Hass«-Single wieder da! FÜR TÄN-ZER: Neues von Giegling. FÜR ST. PAULIANER: Neue LE FLY-Single! FÜR BEGEBERNDER: Wahre Begeberndheiten! Und die »Brennender Junge«-CD (ohne Bonus-CD)! FÜR HUMORKENNER: Das neue Buch von Wenzel Storch! FÜR TIERE: Neues von ACKER RECORDS. FÜR LUTSCHER: Frische Bonbons. FÜR EINEN SATZ HEISSE OHREN: Mützen. FÜR SACHEN-MENSCHEN: Tolles Neues von Almedahls! Das war's.

Heute ziehe ich übrigens mein Individuum voll durch. Ihnen rate ich davon ab.

Herzlichst,
Ihr Abrater

Datum: 13. Januar 2013 11:43:24 MEZ
Von: neuesvonder@hanseplatte.de
An: alle@dadraussen.de
Betreff: NRFB

Auf ein Wort, liebe harte und weiche Schanker:

Die Musikwelt ist verwirrend geworden, keiner hat mehr den Überblick, MP3 oder MP4, Dolby b oder c, streamen oder bootleggen, woran soll man sich halten? In den Charts sind heutzutage Sachen, die verkaufen in der ersten Woche so viel wie früher nur die Beatles, aber die gibt's angeblich nicht mehr, man kapiert es nicht. Ständig nur deutsche Sachen in den Top Ten, als hätten nicht auch andere Väter aus den USA schöne Töchter, als gäbe es nicht auch gekonnt hingepfriemelte Musik von der einen von ABBA. Was steckt da für ein System hinter? Kein Sinn erkennbar, nur Fragezeichen Fragezeichen Fragezeichen.
Und dann erst die unübersichtliche Situation im Indiebereich! Wo fängt »Do-it-Yourself« an, wo hört Profimuckertum auf? DAFT PUNK schmunzeln plötzlich heimlich in ihren Helmen, TIM BENDZKO onaniert nur noch mit der linken, ihm fremderen Hand (»Fühlt sich industrieller an, nicht so menschlich, das letzte Album war mir selber zu persönlich«), das ist doch alles so crazy, das ist doch nur Stress, sich darüber einen Kopf zu machen! Musik soll doch was Schönes sein, entspannend und nicht so unangenehm anregend wie eine Oper oder SPORTFREUNDE STILLER. Tonleitern dürfen keine Rolltreppe abwärts sein! Depressionen haben in

moderner Bluesmusik nichts verloren, die Welt ist schon scheiße genug. Was soll man mit dem Mash-Up von »Drei Chinesen mit dem Kontrabass« und der »Mond-scheinsonate«, das ist doch wicked, gar krank, das gehört eingeliefert, aber stante pede!

NEIN! Wir von der Hanseplatte sind traditionell wie der Hobbyspießer am Altglascontainer, der einem sagt, ob blaues Glas eher bei braun rein soll oder bei grün: WIR WISSEN ZU SELEKTIEREN! Heute zum Beispiel nur die hier:

NUCLEAR RAPED FUCK BOMB: Trüffelbrüste CD & LP.

So.

Das obige Geleitwort ist entnommen aus: Hans E. Platte – »Amok verschwindet wie von selbst, wenn man in die andere Richtung läuft«, Suhrkamp 2016.
Abdruck und drüber nachdenken verboten.

Datum: 21. März 2013 00:35:01 MEZ
Von: neuesvonder@hanseplatte.de
An: alle@dadraussen.de
Betreff: 5 Anekdoten aus dem Leben des DJ Koze

Als DJ Koze auf einer seiner zahllosen DJ-Reisen mal wieder im Nachtbus feststellte, dass er sein Lieblingsaccessoire, die geliebte Schlafbrille, vergessen hatte, suchte er asap den nächsten alteingesessenen Optiker der Stadt auf. Nach kundiger Beratung kaufte Koze dort zwei Schlafbrillen, die ihm der freundliche Mann am Tresen mit den Worten einpackte: »Und noch ein Brillenputztuch dabei?« Nach kurzem Stutzen lachte Koze doch sehr über diesen herrlichen Optikerwitz.

#

DJ Koze, selbst ein passionierter wie fleißiger Mopedfahrer, scheut sich als Autofahrer nicht, seine Zweiradkollegen en passant zu mehr Aufmerksamkeit im Straßenverkehr zu erziehen. Denn wenn ein Motorradfahrer in seiner Nähe mal nicht blinkt oder widrig ausschert, setzt sich Koze gern mit seinem Fiat direkt vor den Verkehrssünder und betätigt die Scheibenwischanlage hinten wie vorn. Dem Kradfahrer spradotzt alles aufs Visier, und Koze schmunzelt ampelphasenlang über seine »weiche Erziehung«.

#

Trifft man DJ Koze im öffentlichen Nahverkehr in Hamburg, scheut sich der lebensfrohe Auflegekönig keineswegs, seine Wertschätzung für seine eigenen Werke nonchalant im Dialog zum Ausdruck zu bringen. »Lass mal über dich reden! Wie findst DU denn meine neue Platte?« ist stets sein Einstieg in ein Gespräch, das seine entwaffnende Chuzpe aufs Sympathischste mit seinem selbstbewussten Machthunger versöhnt.

#

Kaum am Flughafen egal in welchem Land angekommen, führt DJ Kozes erster Weg seit jeher zu den Sicherheitskontrollen. Wo denn die Mülltonne sei, in die die Beamten die ganzen Parfüm-Flakons, die man nicht mitnehmen darf, werfen, ist dann seine Frage. Weisen die Beamten ihm erstaunt das Ziel, durchwühlt der auch hobbymäßig exklusive Düfte liebende Discjockey die Tonne und schüttet die gefundenen teuren Parfüms in seinen extra mitgebrachten Kanister. Sein Ziel: Alle zusammenrühren und DEN Duft der Welt erschaffen. Ein bisschen weltherrscherisch scheint die Idee, aber so ist er, der Stefan Kozalla, wie er bürgerlich heißt.

#

Asiatisch essen ist eine der größeren Leidenschaften in DJ Kozes ansonsten auf gewollt minderer Flamme geführtem Alltag. Mag man denken, das leicht scharfe Essen oder die »N 17 ohne Glutamat« dorten sei der Hauptgrund, so liegt man falsch: Es sind die Glückskekse, die den auch privat dem Glück zugeneigten Soundtüftler in

die Sushi- und China-Restaurants ziehen. Koze liebt nämlich das langsame Speicheleintropfen in den Keksspalt, um den Zettel – ohne den Keks zu zerstören! – hernach raussaugen zu können. Kann man ihn noch lesen, ist sein Tag gerettet. Kann man nicht, ist selbst bei einem humorigen Typen wie »Kosi« erst mal eine halbe Stunde »Gewitterwolke auf halb acht«.

DAS NEUE ALBUM IN DER LIMITIERTEN VERSION IST DA!

Und bitte nicht vergessen: Silly, Sido und Simba der Löwe sind total ungeil.

Herzlichst,
Ihr Hans E. Platte

Datum: 4. April 2013 17:35:06 MESZ
Von: neuesvonder@hanseplatte.de
An: alle@dadraussen.de
Betreff: TURBOSTAAT # BENJAMIN BRUNN # HÖRSPIELE # VINYLCHEN

ZEHN ERMÜDEND LANGWEILIGE FAKTEN ÜBER PUNK

1. Johnny Rotten hatte einen Lieblingsarm, den er mehr benutzte als den anderen. 2. Die Ramones waren nicht zu fünft, sondern zu viert. 3. Irokesenhaarschnitte ließen sich auch mit einem Bierkamm nur mehr schlecht als recht durchbürsten. 4. Joe Strummer atmete aus Protest abwechselnd durch das eine oder andere Nasenloch. 5. Iggy Pop würde in Deutschland wohl kaum Mehrwertsteuer zahlen. 6. »Punk's not dead« ist englisch und heißt übersetzt »Punk ist nicht tot«. 7. Henry Rollins wohnt am Ende seiner Straße in L. A. mit Blick auf die andere Straßenseite. 8. 50 % von Green Day würden nie Budweiser oder General Motors als Branding auf ihrem Brummkreisel akzeptieren, never ever! 9. Frauen mit Abitur mögen Pogo nur geht so. 10. Bei facebook und im Internet gibt es 2013 halb so viele Punkseiten wie Sand am Meer. 11. Slime hießen in Wirklichkeit anders.

EIN ERFRISCHEND INTERESSANTES FAKTUM ÜBER PUNK

Die neue TURBOSTAAT ist da! »Stadt der Angst«.

EIN SUBSONISCHES WUNDERSCHÖNES FAKTUM ÜBER AMBIENT

Die neue Pudel Produkte CD (Nr. 21) ist da: Ein Live-Set von BENJAMIN BRUNN!

DREI OHRENSPITZENDE WERTVOLLE FAKTEN ÜBER HÖRSPIELE

Von der Hörcompany gibt es tolle neue Hörspiele: James Krüss, Krause/Henko und Wieland Freund.

EIN DUBBIG BUBBLIGES FAKTUM ÜBER REGGAE

Auf dem Hamburger Label Echo Beach ist eine neue DUB SPENCER & TRANCE HILL erschienen (»In Dub – Victor Rice Remixes«)!

ZWEI RILLENREITENDE FAKTEN ÜBER VINYL

Wolfgang Müllers »Über die Unruhe« jetzt auch als Vinyl (!), ebenso wie die Jahrhundert-Single »Wenn ich ein Turnschuh wäre« der GOLDENEN ZITRONEN.

Ein winkender Gruß aus der Speichelstadt! Huhu!
Hans E. Platte

Datum: 10. April 2013 12:15:28 MESZ .
Von: neuesvonder@hanseplatte.de
An: alle@dadraussen.de
Betreff: Newsletter als Newsletter

WARUM MAN DEN HANSEPLATTE-NEWSLETTER SO GERN LIEST

Das bringt fett Respekt bei Hamburgern. * Manchmal kommt das Wort Scheide drin vor. * Da bekommt man alles mit, was so läuft in der EU und Musikindustrie. * Die sind immer just in time und regional produziert, da achte ich drauf. * Weil die Erlebnisgastronomie es nicht mehr bringt. * Manchmal kommt das Wort Scheide doppelt drin vor. * Alle anderen E-Mails und Briefe sind doch allzu persönlich. * Hanseplatte-Newsletter bringen immer die Kacke zum Kochen, wie meine Benimmlehrerin schon sagte. * Okay, klar. Was soll ich als Analphabet denn sonst »lesen«? * Manchmal kommt das Wort Pimmel auch drin vor, nur ein paar Zeilen entfernt von Scheide und meine Fantasie ist auf dem Stand einer geschälten Kohlrabi, Sie verstehen? * Damit der Aufbau der realitätsfernen Scheinwelt weitergeht. * Weil Hans E. Platte immer drunter steht:
Hans E. Platte

Datum: 18. April 2013 10:46:46 MESZ
Von: neuesvonder@hanseplatte.de
An: alle@dadraussen.de
Betreff: Sehr Wissenswertes über Tonträger

Liebe Lovers und Livers.

Der Tonträger ist zurück. Noch vor wenigen Minuten drohte er durch Strahlen, Bits und Ströme verdrängt zu werden. Vergessen, verraten, verkauft an höhere Mächte mit Schuldflecken auf der Hose. Aber er hat sich dann doch durchgesetzt, seinen verdienten Platz im heimischen Wohnzimmer zurückerobert. Überall stehen und liegen sie herum, einfach nutzbar für jedermann, sogar für Technikdeppen.

Dabei hatte der Siegeszug des Tonträgers alles andere als Erfolg versprechend begonnen. Schallplatten, Kassetten und CDs galten bis weit ins 19. Jahrhundert vor allem als Spinnerkram wirrer Phantasten. Erst mit Musik bespielt und in speziell hergestellten Abspielmedien zu nutzen, wurde der Tonträger zum millionenfachen Erfolg, den wir heute kennen. Heutzutage undenkbar: Schallplatten wurden als Flohmarktkisten-Füllsel unkreativer Händler verwendet, CDs als Tierabschreckungsblinkdingens an Bäumen nahe Autobahnen zweckenfremdet!

Seitdem hat sich viel getan. Tonträger dienen Jung und Alt und Ganzalt gute Dienste in Schulen, Krankenhäusern, Discotheken, Gema-Büros und begleiten viele Menschen auch auf Reisen. Selbst spät in der Nacht möchten viele »ihre Discs« nicht mehr missen! Aber dies nicht nur in Europa – auch in Asien und Afrika hat der

Tonträger seinen Ruf zu verteidigen. In Italien etwa kennt man die Schallplatte als »flexidisca«, in Australien muss man sie wegen der Magnetstrahlung gleich zweimal umdrehen. In Ü50-Kreisen genießt man Tonträger gleich en bloc in sogenannten Boxsets.

Musikhistorisch gesehen ist der Trend zum Tonträger mehr als erfreulich: Denn nichts stillt den Ton-Hunger so flexibel, kaum etwas ist so frauenfreundlich und macht wenig Krümel. Man kann also allen Unkenrufen zum Trotz festhalten: Tonträger sind Kultur und gut in einem Wort, nämlich Kulturgut, das Wort gibt's ja schon, wahrscheinlich genau dafür erschaffen, sehen Sie?

Wo waren wir stehengeblieben? Ach ja, beim Tonträger. Ganz Deutschland, Anrainer und die Tigerstaaten feiern ihn am Samstag! BEIM RECORD STORE DAY!

Wir von der Hanseplatte, seit 1896 auf der Seite des Volkes und seiner Waren, machen mit! Und haben die uns angehenden Spezialveröffentlichungen da:

KETTCARS MARCUS WIEBUSCH OLLI SCHULZ VINYL DIE LIGA DER GEWÖHNLICHEN GENTLEMEN STEREO TOTAL

Alles sacklimitiert, wenn weg, dann weg!

Und feiern den RSD mit der besten Kinderband seit den TEENS: DEINE FREUNDE spielen am Samstag um 17.30 Uhr bei uns! Kommt alle mit Kindern und Kegeln, es gibt auch noch ganzganz wenige ihrer sagenhaften Schokoladen-7"!

Sie merken: Mögen auch Endzeitapologeten und Kassandrarufer sein baldiges Ende heraufbimmeln hören, richtige Tonträger erweisen sich so quicklebendig und krisengeschützt wie ein richtig gutes neues iPhone mit Gummi-Fallschutz für € 23,80.

Kein Wunder, sind sie doch so alt wie die Zivilisation selbst. Und mitsamt ihrem geschichtlichen Auf und Ab blablabla, rharbarber, rhalaber.

Ihr Hans E. Platte
(Auch Autor von »Die Schnitte – Eine Hommage an das Butterbrot«, »Kulturgut Schrank – Das Comeback des ungeliebten hölzernen Bruders« und »Schlüssel, Schuhe und Nagelschere – auch von Steve Jobs nicht wegzu-denken«)

Datum: 23. April 2013 16:37:09 MESZ
Von: neuesvonder@hanseplatte.de
An: alle@dadraussen.de
Betreff: Wiki und die starken Fakten

HANSEPLATTE (Wechseln zu: Navigation, Suche)
Die Hanseplatte handelt im Allgemeinen mit Musik aus
Hamburg oder Musik, die in Hamburg verlegt wird oder
sonst einen Bezug zu Hamburg hat. Daneben verkauft
der Laden online wie auch im Ladengeschäft sogenannte
HAMBURGENSIEN. [Bearbeiten]

HAMBURGENSIEN sind etwas unverwechselbar auf
Hamburg Bezogenes, nur oder hauptsächlich in Hamburg Vorkommendes. Der Begriff wird aus der latini-
sierten Form des Adjektivs HAMBURGISCH gebildet.
Unterschieden werden HAMBURGENSIEN im ur-
sprünglichen, im engeren und im weiteren Sinn. Die
Hanseplatte zählt dazu zum Beispiel: IRONISCHE
T-SHIRTS (»Habt ihr diese Jacken mit Hamburg vorne
drauf?«), ELBPHILHARMONIE-PUZZLE (nicht komplett), LUSTIGE PFERDEDECKEN (»Sankt Mauli«),
ORIGINAL ZITRONENJETTE-ZITRONEN (sehen
aus wie ein gelber Stein) oder sogar ALSTERSCHWÄNE
(nur im Laden). [Bearbeiten]

Neu im Sortiment der HAMBURGENSIEN hat die
HANSEPLATTE: 1. Diverse Artikel vom Lieblingslabel
AHOI MARIE. Etwa einen Schifferteller, Schifferbecher
oder Fischmarkttaschen. Alles zu schöne Geschenke, um
nur Geschenke zu sein! [Bearbeiten]

2. Des weiteren Artikel vom zweiten Lieblingslabel PLATTE ANNA: etwa Jutebeutel, die man schon gar nicht mehr Jutebeutel nennen kann, so wertig und so dick ist der Stoff.

3. Auch diverse Segeltuchtaschen und maritime Mode von Saint James ordnet die HANSEPLATTE gern unter diesem Begriff der HAMBURGENSIEN ein. Etwas ungenau, aber auch irgendwie wumpe. [Bearbeiten]

Diese Seite wurde zuletzt am 23. April 2013 um 16.37 Uhr von User Hans E. Platte geändert. Hans E. Platte® ist eine eingetragene Marke der Hanseplatte Inc.

Datum: 26. April 2013 13:21:27 MESZ
Von: neuesvonder@hanseplatte.de
An: alle@dadraussen.de
Betreff: Pudel Produkte 20 + Johnny Mauser +
Hallo Werner Clan

Verworfene Slogans für die Hanseplatte:

Hanseplatte – Was 'ne geile Laden!
Hanseplatte – Teurer als Saturn, aber kleiner!
Hanseplatte – Hier wird Menschen großgeschrieben!
Hanseplatte – Gott würde hier religiös werden!
Hanseplatte – Preise total pur.
Hanseplatte – … wer uns nicht gut findet, tststs.
Hanseplatte – Vielleicht irgendwie doch das beste
　　　　　　　Geschäft.
Hanseplatte – Since anno dunnemals.
Hanseplatte – Wir haben die Sachen alle da!
Hanseplatte – Mit kostenlosem Service, auch für
　　　　　　　Nichtkunden!
Hanseplatte – Als wäre Weihnachten zusammen.
Hanseplatte – Hallo! Einfach nur was abkaufen und
　　　　　　　fertig.
Hanseplatte – A dream comes true.
Hanseplatte – Einfach echt jetzt in!
Hanseplatte – Weitere Artikel für Sie!
Hanseplatte – Gut, schnell, 100 % billig.
Hanseplatte – Jeder Mitarbeiter ein Gewinn für Sie.
Hanseplatte – Ever forever!
Hanseplatte – Eine Welt zum Bezahlen.
Hanseplatte – Nichts für Egalseier und Sorrymäßige.

Hanseplatte – Kannste einen drauf lassen.
Hanseplatte – Warum nicht jeden Tag mal kurz rein?
Hanseplatte – Noch früher da als Ei oder Henne!
Hanseplatte – Aus Liebe zu Dir.
Hanseplatte – Preise tief wie »so Dinge« im Darkroom.
Hanseplatte – Direkt über der Tiefgarage Feldstraße.
Hanseplatte – Will sehen!
Hanseplatte – Los, ich geh vor!
Hanseplatte – Thumps up! Preise runter!
Hanseplatte – Lass jucken, Kunde!
Hanseplatte – Fideralala!
Hanseplatte – Musik & Meer & noch mehr.
Hanseplatte – Tiefpreispower at its best!
Hanseplatte – Aufs Leben gibt's auch keinen Rabatt.
Hanseplatte – Witwentröster draußen bleiben!
Hanseplatte – Wer kann noch mal, wer hat noch nicht?
Hanseplatte – Ich glaub's nicht. Cool.
Hanseplatte – Hören statt Möhren!
Hanseplatte – Wechselgeld nachzählen? Iwo!
Hanseplatte – Kein Bock auf Regen? Komm!
Hanseplatte – Alles im Lot statt Hausverbot.
Hanseplatte – Hört man immer mehr von.
Hanseplatte – Hu-huuu!
Hanseplatte – Moment mal! Oder doch?
Hanseplatte – Glück ohne Kekse!
Hanseplatte – Free Drehtür!
Hanseplatte – Wo Kackspechte sich wohl fühlen.
Hanseplatte – Shopping's paradise in heaven.
Hanseplatte – Wir haben den Job zum Beruf gemacht.
Hanseplatte – Entschuldigung, ist Absicht.
Hanseplatte – Nur 3,5 km bis zum Bahnhof.
Hanseplatte – Preise wie bei Muttern!

Hanseplatte – Ein Stück weit Hamburg.
Hanseplatte – Der Geheimtipp im normalen Preis-
        segment.
Hanseplatte – Gehen Sie ganz persönlich hinein!
Hanseplatte – Da hängt Dir ne Schamlippe aus der Hose.
Hanseplatte – Oder n Ei.
Hanseplatte – I'm loving it! And you?
Hanseplatte – Neuheiten wie von heute!
Hanseplatte – Der Laden ohne Slogan.

ERSTENS: PUDEL PRODUKTE 20!
Wer die tollen »Cellphone from the sahara«-Sampler
kennt und sich in den letzten Jahrzehnten für alle
Entwicklungen von Postrocks wie auch Dub-Sounds
interessiert hat, liegt mit dieser prächtigen 12" von
CIRCUIT DIAGRAM garantiert am richtigen Beach-
Club.

ZWEITENS: JOHNNY MAUSER
Das ist HipHop! Politisch wacher und dem Mainstream
abgeneigter HipHop, der unter dem selbststigmatisie-
renden Schlagwort »Zecken-Rap« regen Zulauf findet.
Sehr lustig und gleichzeitig sehr ernst zu nehmen, wie
immer auf AUDIOLITH. Die Platte heißt »Der Katze
Entkommen«!

DRITTENS: NEONSCHWARZ/KOBITO
Auch gleich zu Johnny Mauser dazu kaufen: Die NEON-
SCHWARZ/KOBITO-Splitsingle »In Deiner Stadt«!

VIERTENS: HALLO WERNER CLAN
Von diesen kranken PTLTFYs (Peoples they like to fuck

you) ein neues irres Tape! Hören wir hier dauernd und drei Tage!

FÜNFTENS – immer noch frisch wie Hechtsuppe: Die Liga der gewöhnlichen Gentlemen Doppel-Single! Marcus Wiebusch 10"! Fidel-Bastro-Sampler! Chucka-muck! Dagobert! Fraktus-DVD! Turbostaat! DJ Koze! Heinz-Strunk-Buch! Kommando Sonne-nmilch (CD schon da)! Ego-/Tocotronic 7"! Tonbandgerät! Alles hier!

**

So, und nun her mit euren Slogans für die Hanseplatte! Bitte NUR hierhin: info@hanseplatte.de. Wir verlosen einen Platz im nächsten Newsletter!

Hanseplatte – Den Tag einfach mal durchmachen!
Und Schwamm drüber!
Dein Hans E. Platte

Datum: 12. Juli 2013 17:35:06 MESZ
Von: neuesvonder@hanseplatte.de
An: alle@dadraussen.de
Betreff: Denkanstöße für die KW 29

Ah, Wochenende!

Ideekommrauszeit, voller Bregen, Thinking Time! Wann ist sonst so viel Luft übrig, um dem Piepmatz da oben fressen geben zu können? Der Denkkasten will sich nicht immer nur routinemäßig tagein, tagaus mit Haarekämmen (erst die einen, dann die anderen!), Hose runter und Reinstecken (und auf Schloss Bums klackern die Nüsse!) oder avantgardistischem Klavierspielen (Tastenzwischenräume nutzen!) beschäftigen. Das Wochenende ist das Ende der läppischen Denke!
Keine Übersprungsgedanken von Hölzchen auf Stöcksken mehr. Null Abschweifungen in vermintes Luftikus-Terrain, keine gewollten Geistessprünge ins kalte Nichtschwimmerbecken ach-so kreativer Inspirationsspiralen mehr. Samstag und Sonntag werden nur richtig feste, betonharte Weisheiten weggedacht. Geistesblitze mit Donner.

5 DENKANSTÖSSE FÜR DIE KW 29
* Ey, warum gibt es immer nur aussterbende Arten, nicht mal ne total neue, etwa nächste Woche, da könnte doch in sagenwirmal Australien jetzt mal so als Beispiel eine neue triangelförmige Tierart geboren werden, eine die sich selbst befruchtet, selbst gebärt und die jeweils nur eine Minute im nassen Dunkeln leben kann, also zum

Beispiel bei einer Fischart unter der Achsel, wie wär das? Denk drüber!

** iPhone ohne Internet: Echt voll Panne! Internet ohne iPhone: Würde gehen, würde gehen!! Und? Also? Was jetzt, klingelt's?

*** Frage: Gibt es irgendwann ANONYME WHISTLE-BLOWER-Gruppen, die sich »irgendwo« treffen? Antwort Leerstelle.

**** Wie oft reiten ein oder auch zwei Pferde über eine Autobahnbrücke, justament, wenn man gerade drunter durchfährt? Einmal? 45-mal? Und denken die Reiter das auch gerade: »Wie oft fahren eigentlich ein oder auch zwei Autos unter einer Autobahnbrücke durch, justament, wenn man gerade drüberreitet? Einmal? 45-mal?« Und was denken die Pferde?

***** Der dritte Weltkrieg. Kommt der mal? War der schon? Oder ist der zur Zeit? Bzw.: Wie sähe Hitler jetzt aus, wenn er 22 wäre, so'n Berlinbart hätte und was mit Medien machen wollen würde? Also. Genug wegzudenken am WE, vorher bitte noch die Neuheiten bestellen! Ohne groß nachzudenken. Tschüsschen!

Euer Relauncher
Hans E. Platte

Datum: 29. August 2013 17:31:24 MESZ
Von: neuesvonder@hanseplatte.de
An: alle@dadraussen.de
Betreff: Helena Hauff * Thees Uhlmann * Me Suceeds *
Harry Rowohlt

Mögen Sie Geschichten? Mögen Sie Dinge, die Geschichten erzählen? Oder lieber Dinge, die das Blaue vom Himmel runterlügen, rumschimmeln oder Sie verschlagen
hintergehen? Haben Sie Bock auf eine Diskussion über
Spotify? Oder lieber über die These »Hässliche Väter
haben schöne Töchter«? Geben Sie mehr als 4 Euro für
ein Shampoo aus oder ist für Sie Shampoo gleich Shampoo? Wissen Sie, wo Ihre Tastaturbeleuchtung aus geht?
Kennen Sie eine gute Stadtteilzeitschrift? Bei wie viel
Grad wird Ihr Hund in der Pfanne verrückt? Was ist für
Sie just in time? Und was wirklich zu spät? Können Sie
einen Link aus dem Internet ohne nachzugucken daher-
sagen? Ist das Bett von Sylvie van der Vaart nach dem Sex
richtig mit Make-up voll? Wussten Sie überhaupt, dass
»Vaart« auf deutsch Furz heißt? Wann werden alle Tiere
Handys haben? Sind Sie skeptisch, was die starken Zeiten im Hip-Hop angeht? Sind die Weichen eigentlich gestellt? Oder ein Charakterzug im Sackbahnhof? Kennen
Sie einen, der seinen Penis verlängern wollte? Womit
wollte der das machen? Gegen was sind Sie alles geimpft,
also noch so, dass es wirken würde? Ist der Kannibale
von Rotenburg schon wieder frei? Wird das alles schon
mit Halogen gemacht sein mit der Weihnachtsbeleuch-
tung 2013? Können Sie mal was jucken lassen? Kennen
Sie eine Frau, der jede Farbe steht? Tut das nicht weh?

Wenn die Zähne von Ihrem ärgsten Feind brennen, würden Sie ihm in den Mund pinkeln? Würden Sie aus Afrika auch völlig verändert zurückkommen? Ist der Taxifunk in den letzten Jahren weniger geworden? Vielleicht wegen dem Internet? »Checken« Sie echt E-Mails? War Ihnen nicht klar, dass nach Einführung von iPad etc. die Kopfhörerindustrie total boomt? Sind Sie dümmer als Dr. Dre? Kennen Sie HSV-Streusel? Haben Sie schon mal Pferde vor der Apotheke gesehen? Wie heißt Ihr Briefträger? Wissen Sie, dass Günther Jauch immer bei den Umfragen zum beliebtesten Deutschen deshalb so gut abschneidet, weil er immer nur fragt, aber nie antwortet? Wissen Sie warum HELENA HAUFF in England abgeht wie nichts Gutes? Wird THEES UHLMANN der neue Wolfgang Niedecken oder der deutsche Springsteen oder die goldene Mitte? Brauchen ME SUCCEEDS eine Remix-Platte? Gibt es die letzte Platte von RANTANPLAN endlich auch als Vinyl? Sind die HARRY ROWOHLT Ringelnatz- und Flann-O'Brien-Lesungen wieder erhältlich? Haben die von MINUK nicht neue Etuis? Würden Sie ein Buch nur mit Fragen kaufen? Gibt's das schon? Würden Sie dann eins nur mit Antworten kaufen?

Von mir? Würden Sie das schriftlich bestätigen? Und meinem Verleger raten, den Vorschuss schnell zu überweisen?

Sehen wir uns?

Ihr Hans E. Platte?

Datum: 30. September 2013 17:35:06 MESZ
Von: neuesvonder@hanseplatte.de
An: alle@dadraussen.de
Betreff: Goldene Zitronen. Patrice. Lawrence. HH Küchen-
sessions. Helena Hauff. Schwellenbach.

Liebe Letztes-Eis-im-Jahr-Esser! Der Herbst ist da. Bitte bestellt ab jetzt wieder Schallplatten.
Zum Beispiel diese:

DIE GOLDENEN ZITRONEN – »Who's Bad«
Bildet den ewigen Kampf an den unkaputtbaren Mono-lithen System, Industrie und Arschloch sehr gut ab. Musikalisch wie Krautrock, nur ohne Kraut und ohne Rock! Bisschen lang vielleicht, aber that's fucking muss-so, Zitronen sind halt sauer.

LAWRENCE – »Films and Windows«
Wenn man diese Platte hört und sich dabei die Nase zuhält, hört man sie schlechter. Sollte man also tunlichst sein lassen, sieht ja auch nicht aus, mit zugehaltener Nase Musikhören, bescheuerte Idee. Übrigens brillante Platte, die aus eventuell vorhandenen Tönen noch bessere Töne auswringt.

PATRICE – »The Rising of the Son«
Die neue vom Exil-Hamburger Patrice – am besten bei 30 Grad hören! Minus oder plus? Natürlich plus. Wenn das nicht geht wegen Deutschland, kaputter Heizung oder Quecksilberallergie, geht es auch bei 30 Grad minus. Dann wärmt sie wie ein Snowboarder im Lawinenabgang!

HH KÜCHENSESSIONS II

Wer an seinen Camembert nur den Manufactum-Gur-kenhobel lässt, ist hier genau richtig: In der Küche. Supercharmante Aufnahmen von z. B. OLLI SCHULZ, ESTUAR oder anderen lebendigen Leckermäulchen.

HELENA HAUFF – »Actio Reactio«

Mit Helena Hauffs Musik kann man auf die Verhältnisse reagieren, auf den Tanzflächen schobern, in den Zirkeln wuchern, überall dagegensein und sich zu Hause die Synapsen aufrauen lassen. Das haben auch schon Eng-länder kapiert, NINJATUNE zum Beispiel oder ROGER MOORE, aber nicht DER Roger Moore, sondern ein anderer.

GREGOR SCHWELLENBACH – »spielt 20 Jahre Kom-pakt«

Flohwalzer kann er nicht. Ballade pour Adeline kann er nicht. Rhapsody hält er für Gemüse. Aber KOMPAKT auf dem Klavier oder Oboe nachspielen kann er! So for-midabel, dass wir sie im Programm haben, weil alle sie kaufen, wenn man sie laufen lässt. Laufen = Kaufen, so einfach ist das bei Schwellenbach.

Und nicht vergessen:
Ab morgen das Heute einfach ad acta legen und ganz frech weiterleben!

Euer Hans E. Platt

Datum: 12. November 2013 17:35:06 MEZ
Von: neuesvonder@hanseplatte.de
An: alle@dadraussen.de
Betreff: Aufs Klo

Die Kacke des Lebens
Eine Gast-Kolumne von Harald Hansenstein

Heute möchte ich Ihnen, geschätzter Leser, liebe Leserin, zwei Geschichten erzählen. Ein Freund von mir ist neulich in den Hamburger Nobelvorort Blankenese gezogen. Dorthin, wo sich der Reichtum der Villenbewohner daran bemisst, in welcher Geschwindigkeit sich das Tor der Auffahrt öffnet. Je langsamer, desto begüterter. Mein Freund hat da ein kleines, vergleichsweise bescheidenes Häuschen geerbt – inmitten von diesen Villen, deren Bewohner man auf der Straße nie sieht, weil sie nur schemenhaft erkennbar in ihren SUVs rein- oder rausfahren. Als Normalverdiener passt mein Freund eher nicht in diese Umgebung, er fährt immer noch seinen Volvo aus den 90ern. Nun hat mein Freund auch zwei Kinder, die gern mal Nachbarskinder einladen. Meistens seien das schüchterne, nette Kinder, die einen aus ihren 800-Euro-Outfits erst mal tonlos angucken. Kaum angekommen, fragen sie fast alle aber zügig nach der Toilette und ob sie denn mal da drauf dürften. Warum wollen die nur alle direkt aufs Klo, ich kapier das nicht, so mein Freund. Als wäre in der Haustür ein Impuls verbaut, der auf die Blase drückt! Nein, erklärt es nach Monaten Fremdklobesuche die psychologisch geschulte Gattin – die Antwort sei ganz einfach: Die Kinder können bei sich zu Hause nicht mehr kacken, sagt sie. Die haben dafür keine Zeit mehr. Die stehen so unter Druck mit ihren ganzen Tennis-, Harfen-, Malayisch-Stunden, dass sie nicht mehr loslassen können. Erst bei uns können sie dann so richtig abdrücken.

Indessen habe ich heute in der Zeitung gelesen, dass Haustiere wie Hunde und Katzen immer 7 Sekunden lang pinkeln. Egal, wie viel sie müssen. Egal, wo sie sind. Können Sie, geschätzte Leserin, lieber Leser, mir jetzt aus diesen beiden Geschichten ein Gleichnis zimmern? Edelfedrig formuliert? Wohlfeil geschrieben? Ich bitte doch drum. Ich muss jetzt nämlich für Königstiger.

Herzlich Ihr Harald Hansenstein
(Noch nie erschienen im ZEIT-Magazin)

Datum: 15. November 2013 17:35:06 MEZ
Von: neuesvonder@hanseplatte.de
An: alle@dadraussen.de
Betreff: Trümmer 7" # Jonnie Schulz # Junius Verlag

Sehr verehrte Leserinnen und Leser!

Wir möchten uns erst mal überschwänglich für den gestrigen Bambi für Entertainment, Comedy, People-Magazin, Lebenswerk und bestes Getue bedanken. Besonders danken möchten wir Barbara Schöneberger für nichts, Till Schweiger für seinen Busen, Helene Fischer für ihre echte Menschlichkeit, Jupp Heynckes für seine Frau, Verleger Hubert Burda für seinen Personalabbau und auch Joko oder Klaas, dass sie überall mitmachen.
Wir kommen das nächste Jahr sicher wieder gern arsch-gekrochen, das ist doch klar. Für mehr bleibt diesmal kein Platz, weil wir Vieles vermelden müssen dürfen wollen.
DIE NEUE, DIE ERSTE SINGLE VON TRÜMMER – »In All Diesen Nächten/Der Saboteur«! Gespannter war die Stadt seit der ersten Blumfeld nicht!
DER BESTE HAMBURGER COUNTRY-ROMAN – »Kein Zutritt für Hinterwäldler« von Jonnie Schulz! »Ferkelkitz 2012«-Preisträger Tino Hanekamp schreibt dazu: »Die Typen haben unseren Club ruiniert, dabei war der Sänger unser Türsteher. Auf einmal steht der auf der Bühne, grillt und grölt und ballert mit ner Senfkanone rum. Kurz darauf haben wir haben den Laden dann dichtgemacht. Seitdem ist in Hamburg nichts mehr los. Gut gemacht, Futsch Meier.«

NEUE HAMBURG-BÜCHER! Es gibt 3 sehr schöne neue Hamburg-Bücher vom stets toppen Junius Verlag: eins mit sehr lesenswerten Erinnerungen des Hamburger Apothekers und Malers Berend Goos (»Ein Leben in Hamburg«), eins mit tollen alten Fotos aus dem letzten Jahrhundert (»Unser Hamburg«) und eins mit Hamburger Straßenfotos aus den 70ern (heißt auch so: »Straßenfotos«).

Kann man alles kaufen oder verschenken oder kaufen, um es zu verschenken.

Ich sage: Danke, danke und nochmals Verpissibus.
Ihr Hans E. Platte

Datum: 11. Dezember 2013 11:50:36 MEZ
Von: neuesvonder@hanseplatte.de
An: alle@dadraussen.de
Betreff: Was Sie schon immer 2014 gewusst haben wollen würden

Das sind sie! Die Megatrends für 2014!

RETROGOOGLE
Neue supersinnige Funktion beim Suchmaschinen-Krösus! Einfach Jahreszahl eingeben (z. B. 1975) und rauskriegen, was damals so Status war. Endlich das sehen, was unsere Eltern ergoogelt hätten. Suchen wie bei Muttern! Amazing!

TIER-WHISTLEBLOWER
Tolle neue Abhör-App: Dechiffriert alle gängigen Tier-sprachen und -laute! Sie filtert Schweinkram, illegale Actions und miese Absprachen aus den Unterhaltungen beinahe jeder Tierart, übersetzt sie und macht sie für uns Menschen zugänglich. Man stellt sich damit einfach neben Hunde und kriegt mit, wie sie sich austricksen, oder belauscht im Wald Vögel, wer wem neulich das Ei geklaut hat oder so. Lehrreich, aber auch funny!

GET MORE MONEY
Coole Action-Aktion: Jeder darf ab jetzt alle Geld-scheine, die er hat, individuell markieren und online stellen. Andere Leute sehen, wie viel Geld man schon hat (also wie reich man ist) und wollen einen übertrumpfen. Und markieren auch total viel Scheine. Vorteil: Alle wol-len so viel Scheine wie möglich mal kurz besitzen, die Barwirtschaft wird wieder angekurbelt, und es entsteht quasi ein zweite Währung im Netz. Auf die man dann wiederum Hypotheken aufnehmen kann. Forever Fever!

»ONLINE« BESTELLEN

Das crazieste Ding! Einfach bei Amazon oder aus dem eigenen Kopf was aussuchen und bei Hanseplatte bestellen. Vorteil: Kommt mit der normalen Post, wo noch der Bote klingelt, man fühlt sich so normal wie schon lange nicht mehr, beinahe wie im Neandertal! Man denkt sofort an früher und hat ein besseres Karma!

Also bitte, wir haben genug:

TÖNE

* DJ KOZE: »Amygdala Remixes #1« – Irre gut! Läuft das Jahr 2014 durch, ich sach Dir.

* GELABART: »Vermin« – Auf gagarin: Neues Hochtouren-psychospastic-blackfall-Limerick Dingen!

BILDER

»Heiligabend Mit Hase«-DVD – Impro-Theater der Hamburger Theatergruppe »hidden shakespeare«. 50 starke Minuten »Heiligabend«!

BLING BLING

Quasicrystal-Kette (goldplatiert) von JONATHAN JOHNSON – Neues vom hardest working Goldschmied im Vorweihnachtsgeschäft! Schmuck in zart, reduziert, schön und stark zugleich: Die Kette! Der Armreif! Goldfarbene Halskette mit Anker. Ziemlich angebermäßige App for Bodys und Buddys.

KLUFT

DAS MOLOTOW MUSS BLEIBEN-T-Shirt – Ja, das muss es! Unterstützt es als Frau oder als Mann!

DINGE

Ausstechform »Elbphilharmonie« – Endlich: Die Ausstechform, um seine Wut zu verbacken!

Datum: 16. Dezember 2013 10:05:45 MEZ
Von: neuesvonder@hanseplatte.de
An: alle@dadraussen.de
Betreff: Zum Geläut

TYPISCH VORWEIHNACHTSZEIT
* Ideenstau. * Schlampiger Glühwein. * Einpacken nach
Art des Hauses. * Schoko-Hakenkreuze am Weihnachts-
markt. * Nee, verguckt. Waren Schokohammer durcheinander. * Himmel voller Schummrigkeit. * Kerzenhass,
Kerzenliebe und vice versa. * Seeleninfarkt. * Runterge-
schraubte Erotik. * Schenken statt Denken. * Zum ersten
Mal jetzt schon alles haben, zum ersten Mal ohne Oma,
zum ersten Mal mit Tofurouladen, zum ersten Mal sich
nix schenken, zum ersten Mal zum ersten Mal. * Gefühle
reservieren. * Schnee.

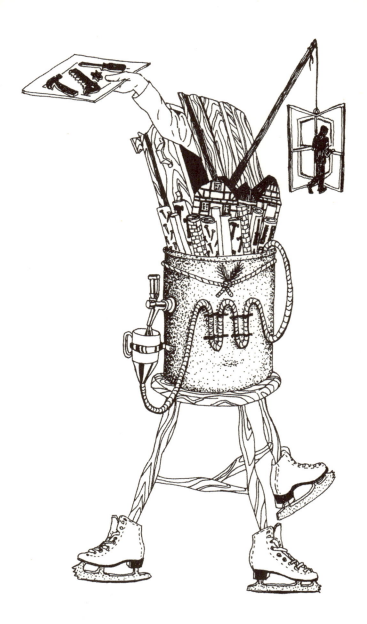

Datum: 24. Januar 2014 11:55:55 MEZ
Von: neuesvonder@hanseplatte.de
An: alle@dadraussen.de
Betreff: Tellavision * Dagoberg * Razzia * Pampa * Smallville * Gefahrengebiet

DSCHUNGELCAMP, TAG 6

Was war los am sechsten Tag im HH-Dschungelcamp, der diesjährigen Hamburger Musikus-Spezialausgabe?
Erst einmal wenig. Bis in die Puppen schliefen ANNA DEPENBUSCH und JOCHEN DISTELMEYER. Beide offensichtlich noch sehr erschöpft von der vorabend-lichen Diskussion, inwieweit Lüge und Selbstbetrug zu den Dramen des Alltags gehören oder wie lange das Fruchtfleisch an einer Saftpresse kleben darf, ohne dass es bockelhart wird.
Der früh agile JAN DELAY nahm's mit Humor und emp-fahl den beiden intellektuellen Turteltäubchen non-chalant, sich »mal die Polypen rauszunehmen«, dann nehme »jede Karriere wieder Fahrt auf« und »man schnarcht auch nicht mehr so«.
Wieder mal als Erster wach: Camp-Methusalem UDO LINDENBERG, der prompt bereits auf der Pritsche seine erste Zigarette anzünden wollte, aber sein Denkgerät nicht fand, weil es NENA oder DJ KOZE (beides Spaß-bomben vor dem Herrn!) versteckt hatten. Trauriges Er-gebnis: UDO schürzte minutenlang wie eine tote Möwe die Lippen, um dann wieder in seinen komatösen Schlaf bis mittags zu fallen.

Warum genau sich DIRK VON LOWTZOW ausgerechnet einen Sülze-Aspik-Klumpen ins Camp mitgenommen hatte, wurde dann nachmittags klar. Von den übrigen unbemerkt, aber eingefangen von den Kameras, stopfte der Indie-Dandy eine leere Klorolle mit dem weichen Material aus, um sie als »Fernfahrerentertainment« zu missbrauchen.

Igitt! Aber auch irgendwie verständlich! Hatten doch sowohl die beiden DIE MARINAS (of »Fred vom Jupiter«-Fame) als auch INA MÜLLER sich bislang geweigert, mit ihm über Sex zu »reden«. Was ja bislang in ihrem Showleben doch die Stärke, wenn nicht gar der USP von INA MÜLLER war! Naja, so kann einen das Camp verändern. Ein Schelm, der Arges dabei usw.

Die heutige Dschungelprüfung mussten dann DJ KOZE und die DEPENBUSCH absolvieren. Aufgabe: Sich voll eklige Namen für bescheuerte australische Tiere ausdenken, die den Tieren dann beibringen und sie dann aufessen. Shocking Ergebnis: Null Sterne! Kein Tier konnte sich seinen Namen merken, die beiden Hamburger mussten geknickt wieder ins Camp und den hungrigen Mitbewohnern ihr Versagen beichten.

Klar, dass der Audiolith-Senior-Labelchef LARS LEWERENZ komplett ausrastete, sie hätten doch einfach nur so »Muh« oder »Quäck«-Laute nehmen sollen, und nicht »Mistabolina-Freundchen« oder »Ferdinand von Schirach-Hitzelsberger-Knull«, das könne ja nicht mal sein teurer Papagei, und er habe so Hunger usw.

Die Stimmung im Camp war natürlich minutenlang im Eimer. Selbst NENA: Total down! Ebenso UDO LINDENBERG, der angab, er fühle sich »wie eine Pferdelunge in einer Raucherkneipe, also scheiße«.

Zum Glück fiel JAN DELAY dazu noch ein tolles Wort-spiel ein: »Es gibt zwei Sorten von Pferden: die, die was wollen, und die, die was werden!«, krähte der Nasal-rapper. Der schlagfertige Konter vom Doyen des Dis-kursrocks: »Es gibt zwei Sorten von Schweinen: die, die wir sehen, und die, die wir meinen«, reportierte JOCHEN DISTELMEYER und fing sich gleich eine schallende Ohrfeige von INA MÜLLER ein, die dachte, er habe sie gemeint.

Woraufhin JOCHEN voll zu weinen anfing und NENA noch mehr down war. »Ich bin richtig down, Leute, echt jetzt.« KOZE war das alles irre peinlich, und er pinkelte am See aus Verlegenheit gezielt eine Ameisenstraße die Böschung runter, was LEWERENZ wiederum enorm aufregte, wohl wegen dem nun versauten obligaten Ameisensnack am frühen Abend. Au Mann, da war was los! Erst als DIRK VON LOWTZOW seine Erfindung präsentierte (»Leute, guckt mal, womit ich meine Aggros loswerde!«), entspannte sich die allgemeine Stimmung und löste sich in herrlichstem Gelächter und Geschnaufe bis ins Morgengrauen auf.

Morgen nun muss der oder die Erste ausziehen. Span-nender war es in den Jahren zuvor noch nie. Wir melden uns morgen.

Bitte checkt die neuen Platten von TELLAVISION, DAGOBERT, RAZZIA, PAMPA und SMALLVILLE. Und die originalen Gefahrengebiet-Schlüsselanhänger!

Es gibt zwei Sorten von Newslettern: Die, die öde sind, und die, die brettern.

Auf Wiedersehen!

Hans E. Platte

Datum: 11. März 2014 08:11:23 MEZ
Von: neuesvonder@hanseplatte.de
An: alle@dadraussen.de
Betreff: Die Heiterkeit * Bürgermeister der Nacht *
Audiotlith 7" * Konzerte

Liveticker vom 11. März 2014

9.30 Uhr
Herzlich willkommen beim 2. Tag des großen Uli-Hoe-
neß-Prozesses. Wieder berichten wir live aus dem
Gerichtssaal in München. Das verzweifelte Unbehagen,
dem mächtigsten aller Fußballfürsten beim Sturz ins
Bodenlose zusehen zu müssen, steht den bayrischen
Polizeibeamten, die den Eingang des Justizgebäudes
bewachen, wie ein schrumpeliger Leberkäs ins Gesicht
gemeißelt.

11.34 Uhr
Der Angeklagte Uli Hoeneß wirkt auch heute arg an-
gespannt. Seine dünnen Lippen stehen wie ein Strich,
den massigen Leib durchläuft bei jeder Befragung eine
kaum merkliche Erschütterung. Immer wieder beugt
sich Hoeneß unter seinen Tisch und kratzt heimlich an
den Hämorrhoiden. Seine Frau, direkt hinter ihm in der
ersten Reihe, freut sich jedes Mal still über die menschliche Übersprungshandlung.

13.57 Uhr
Warum er denn nicht gleich alles auf den Tisch gepackt
habe, will Richter H. wissen? Hoeneß berichtet aus sei-

nem Leben. Wie er als Schulbub vom Äpfel-Einkaufen nach Hause kam, traurig, dass sein Sackerl gerissen war und er seiner Mutter kein Ei mehr zeigen konnte. Wurde hier bereits seine spätere Gier nach Anerkennung, Eiern und blickdichten Säcken angelegt?

14.09 Uhr
Inzwischen ist auch klar: Hoeneß ist nicht nur einmal bei Punkergrün über die Leopoldstraße gegangen. Nein, sondern 27 Millionen Mal. 27 Millionen Mal! Unvorstellbar! Das ist fünfmal mehr, als zuvor von der Staatsanwaltschaft ausgerechnet. »Waren die Ampeln dort überhaupt so oft in den Jahren 2002 bis 2011 rot?«, fragt bissig-spitz ein Twitterer aus dem Saal.

15.20 Uhr
Was er sich denn dabei gedacht habe, fragt der Richter leicht sarkastisch. Hoeneß, urplötzlich wieder in seinem großkotzigen Element, rudert mit den Armen: Er wusste halt nicht, dass es bei einer Fußgängerampel kein Gelb gebe. Da sei er halt bei Rot rüber. Außerdem sei er farbenblind und Ampeln seien sowieso »egal wie 1860«.

17.05 Uhr
Immer mehr Verkehrsexperten fordern eine harte Strafe für Hoeneß: »Ab jetzt nur noch Zebrastreifen!« (Gregor Gysi). »Die rote Rübe muss ab.« (Vitali Klitschko)

17.30 Uhr
Liebe Leserinnen und Leser, für heute verabschieden wir uns aus dem Saal. Hier geht es morgen ab 9.30 Uhr weiter mit dem Liveticker. Jetzt erst mal wieder nach Ham-

burg in die Hanseplatte. Dorthin, wo auf gute neue Musik ein fairer Prozess wartet.

FINDUS: »Großartige Texte, großartige Musik, Spitzen-album, Hammerband.« (Rummenigge) 10 knackige Indierock-Songs mit mehr Pop als früher!

EGOTRONIC: »Großartige Texte, großartige Musik, Spitzenalbum, Hammerband, sag ich doch.« (Rumme-nigge) Die Audiolither wagen jetzt wieder mehr Punk-rock!

DEINE FREUNDE: »Großartige Texte, großartige Musik, Spitzenalbum, Hammerband, noch mal zum Mitschrei-ben!« (Rummenigge) Ihr 2. Album der Kinder- und Erwachsenenband. Besser kann man das nicht machen!

HUNDREDS: »Großartige Texte, großartige Musik, Spitzenalbum, Hammerband, wie oft denn noch?« (Rummenigge) Des gemischten Duos zweites Album: Warme elektronische Gemütsmusik!

BELA B: »Großartige Texte, großartige Musik, Spitzen-album, haha, reingelegt, ist nur ne Single!« (Rumme-nigge) Vorabsingle mit CD zum Album! Mit den Ameri-cana-Experten von Smokestack Lightnin' plus Peta Devlin.

VRIL: TORUS FORUM 2: »Großartiges Texas, groß-artige Mutter, spitz das Album an, hihi, ich kann nicht mehr, Franz, hilf mal!« (Rummenigge)

Ich möchte schließen mit einem Zitat von Bruder Dieter Hoeneß: »Nach meiner Karriere lege ich die Hände in den Schoß und nehme den Pinsel in die Hand.«

Ihr Freund der Bonzen: Hans E. Platte

Datum: 25. März 2014 13:40:41 MEZ
Von: neuesvonder@hanseplatte.de
An: alle@dadraussen.de
Betreff: Diederichsen – Lada – Onkel Tobi – kUNDEkÖNIG

»Warum hat man eigentlich lieber wenige große Scheine im Portemonnaie als haufenweise Kleingeld?«, fragt uns Helmut Jüngling aus Lappersdorf

Experte Hans E. Platte antwortet:
Eine alte Frage, die auch mich persönlich bei jedem Einkauf umtreibt: Gebe ich der bedauernswerten Dünnsträhne an der Kasse eher den großen Fuffi oder zähle ich ihr die 34,76 haarklein in Münzen in die hart-währunggegerbte Hand?
Ist es geiler, noch einen fetten Schein in petto zu haben? Oder einen dicken prallen Sack mit vielen Stücken? Wie soll ich's halten?
Die Erklärung, warum viele Leute weniger gern »einen Schein anbrechen«, als sich die Börse leerzumachen, ist wahrscheinlich der Urangst geschuldet, das Restgeld dann schneller auszugeben.
Ein Irrtum, wie der Regensburger Numismatiker Dr. Klug aufklärt: »Wenn ich 18 Euro und 14 Cent zahlen muss und mit einem Zwanziger zahle, dann kriege ich ja, Moment, 20 minus 18 plus 14, nee, 86 im Sinn, Mist, ich hab einen Blackout, verdammt, ich sag's Ihnen morgen.«
Fazit: Alles nur Psychokram. Einfach mal Geld Geld sein lassen und es nicht mit Wert aufladen! Ist doch wumpe, wie Geld aussieht. Hauptsache, es ist auch für Leute da, die nicht bis drei zählen können.

In diesem Sinne: Ihr Hans E. Platte

Acho, beinahe vergaß ich die Neuheiten des Monats-quartals:
Der Typ, der theoretisch alle Waffeln am Zaun zählen kann: DIEDRICH DIEDERICHSEN – »Über Pop-Musik«.
Tauschen gerne Krautrock mit ihrer Version von Kraut-rock: LADA – »Vitamine« – aus dem Hause Tellavision.
Zum »Behalten«: Die schöne Kinderplatte VIEL SPASS MIT ONKEL TOBI.
Klimpergeld aus dem STATION 17-Umfeld: kUNDE-kÖNIG! – »Don't Call«.
Bitte bestellt, denn nur das Bare ist das Wahre!

Bei mir gilt noch Geld: Hans

Datum: 2. April 2014 19:19:03 MESZ
Von: neuesvonder@hanseplatte.de
An: alle@dadraussen.de
Betreff: Efdemin # Imler # Strunk/Strauss +
Neue Gaunertricks

Achtung, neue Gaunertricks! Die Methoden von Trickbetrügern werden immer raffinierter. Wie, das verraten
wir Ihnen gerne. Die neuste Masche ist der sogenannte
HAST-DOCH-EINEN-ENKEL-TRICK, der besonders
unsere älteren Mitbürger schmerzlich trifft und um ihr
Hab und Gut bringt. Dabei klingeln die dreisten Diebe
einfach bei kinderlosen Omas und schmeicheln der
leicht senilen Person damit, sie würde doch bestimmt
nicht auf einen dieser Enkel-Tricks reinfallen. Nein, lacht
die dann, sie habe ja gar keine Kinder also auch keine
Enkel, haha. DOCH, entgegnet dann der kaltblütige
Gauner und präsentiert ein schlecht gephotoshoptes Bild
der Person mit einem traurig guckenden Kind oder ein
geplatztes altes Kondom. Die Oma kann sich zwar nicht
erinnern, schämt sich aber in Grund und Boden und
zahlt jede Summe. Könnte ja sein, dass sie das vergessen
hat, da war doch was, zahlzahl ...
Auch extrem erfolgsversprechend diese Masche: Extra
gut gepflegte Männer mittleren Alters hauen normal ver-
nachlässigte Frauen mittleren Alters an und bitten um
»eine große und zügige Spende«, man könne sich »die
AUSBILDUNG ZUM HEIRATSSCHWINDLER nicht
leisten«. Natürlich geben die Damen umgehend gern
und viel und merken nicht, dass das alles ein Trick ist.
Auch 2014 ist und bleibt die Ausbildung zum Heirats-

schwindler natürlich kostenlos. Ist ja klar, wir sind ja nicht auf einem Basar.

Noch unverschämter, aber ebenfalls leider sehr erfolgreich ist das umgekehrte Haustürgeschäft RINGRING: Wenn jemand klingelt, geht man zur Tür und haut demjenigen erst mal voll eine rein. Die Polizei hätte vor Trickbetrügern gewarnt, man könne aber von einer Anzeige absehen, wenn der Klingelnde ein Schmerzensgeld von sagen wir 50 Euro zahle. Der ist natürlich noch richtig benommen, checkt die Zusammenhänge gar nicht und zahlt gerne. Diesem Trick ist schwer beizukommen, also Obacht!

Zuletzt warnen wollen wir vor dem HUPTRICK: Noch scheint dahinter kein kommerzielles Interesse zu sein, aber man weiß ja, wie die Banden jede gute Idee geldtechnisch irgendwann ausnutzen. Der »Huptrick« geht so: Man steht an der Ampel hinter einem x-beliebigen Fahrzeug und hupt kräftig. Gleichzeitig drehen sich alle Insassen aber blitzschnell um – der Angehupte denkt beim zornigen Blick in den Rückspiegel, wer ihn da angehupt hat: »Ach so, die hinter mir können es ja nicht sein, die haben sich ja selbst umgedreht.« Noch »nur lustig«, aber sicher bald »lustig und teuer«!

»Zurück« zum seriösen Business – unserem Business, dem Plattenverkaufen.

Neu im Portfolio ist CHRIS IMLER, dessen erstes Album auf Staatsakt, dem Paradevorspiegelerlabel falscher Tatsachen, soeben erschien ist. Die Songs auf dem Album klingen wie Alan Vega, DAF, Silver Apples, Hasil Adkins und Joe Meek gemeinsam – aber gespielt von einer Person. Richtig Betrug, aber in gut!

Meistergaunig arrangiert ist auch die neue EFDEMIN

auf dem Hamburger Dial-Label: Viel verhohlener kann man elektronische Musik nicht weiterdenken. »Decay« entstand während eines dreimonatigen Aufenthalts in Kyoto im letzten Jahr und klingt so reizvoll wie eine Begegnung mit einem Schakal auf Hafturlaub: Nie traut man seinen Ohren, stets passiert etwas Überraschendes. Dann das Buch und Hörbuch »Der zurück in sein Haus gestopfte Jäger: Heinz Strunk liest Botho Strauß«: Ja, das hätte man von keinem der beiden Großschurken gedacht! Aber der eine lügt: »Botho Strauß ist der Autor meines Lebens« (Heinz Strunk), der andere lügantwortet: »Es ist ein Glück für mich, einen klugen Autor zum Leser zu haben« (Botho Strauß). Da passt wohl keine gezinkte Karte zwischen! Trotzdem tolles Buch.
Bleibt sauber!

Euer Hans »Ehrlich« Platte

Datum: 10. April 2014 05:19:56 MESZ
Von: neuesvonder@hanseplatte.de
An: alle@dadraussen.de
Betreff: Bela B. Dieter Meier. Jan Delay. Goldene Zitronen. Palminger

DIE NACHTEILE VON TIEREN

PFERD: Großer Kopf und trotzdem sieht man nie beide Augen zugleich.

HUND: Im Schritt keine Schamhaare, sondern nur da Haare, wo man sich nicht schämen sollte als Tier.

SCHNECKE: Selbst für Selbstmord zu langsam.

ENTE: Indiskret.

BULLE: Hinterlassen überall Samen, selbst auf geliehenen Sachen.

WALWEIB: So dumm, lässt als Alleinerziehende bei einem Rendezvous sogar den Kindersattel auf dem Rad.

REGENWURM: Bauch, Beine, Po – von allem zu wenig bis nichts.

IGEL: Mal devot, dann wieder äußerst herrisch – findet nie den richtigen Ton.

LÖWE: Übertreibt's maßlos mit allem: Frisur, Gebiss, Auslaufradius, Nahrungskettenposition.

KABELJAU: Ist echt kein Held beim Rückwärtsfahren in der Bahn.

AAL: Fettet unangenehm nach.

FLIEGEN: Wollen oft ihre Kindheit nachholen, wie soll das gehen in einem Tag?

MÜCKE: Nur sehr begrenzt hilfsbereit, wenn man eine Panne in der Wüste hat.

LACHS: Null Sitzfleisch, zappelt sogar an Land.

CHAMÄLEON: Fremdsprachen mangelhaft, wohl ironische »Absicht«.

ELEFANTEN: Können sich nicht überholen.

SCHWEINE: Lassen zu oft den Zahnpastatubendeckel im Dreck liegen.

KUH: Extrem vegan – und die Umwelt leidet.

DIE VORTEILE VOM BEI-DER-HANSEPLATTE-BESTELLEN:

DIETER MEIER: Man bekommt vom Ex-Sänger von Yello eine Alchemie aus Chanson, Electro und Dub. Könnte man ein Weingut bei wegsüppeln!

BELA B: Diese Woche will er noch persönlich vorbeikommen und sich ins Hanseplatte-Fenster stellen. Seine neue Platte verteilt keine Gebete, ist eher eine countryeske Anleitung zum Idealismus.

JAN DELAY: Ihmchen ist alles egal. Sogar der Ruf von Rock. Melodien für Millionen, Gitarren zum Tanzen, Nasenlaute mit gerecktem Mittelfinger.

GOLDENE ZITRONEN: Die nerven jetzt auch wieder auf Vinyl! Neu aufgelegt schlecht aufgelegt: Ihre Klassiker »Fahrstuhl zum Schafott« & »Die Entstehung der Nacht«.

DIE PARTEI: Reissue des Albums der Post-Punk-aber-mit-Synthies-Band von 1981. Kultiger Kult. Hat nur Vorteile, das zu kennen!

JACQUES PALMINGER: Werden immer weniger – schon ein Nachteil, dass es so wenige sind. Aber so ist die Lage!

Im nächsten Letter dann:
DIE NACHTEILE VON MENSCHEN
DIE NACHTEILE VON SACHEN
DIE NACHTEILE VON SPIELEN
DIE NACHTEILE VON PFLANZEN
DIE NACHTEILE VON VORTEILEN

Ihr Vorteil in Person
Hans E. Platte

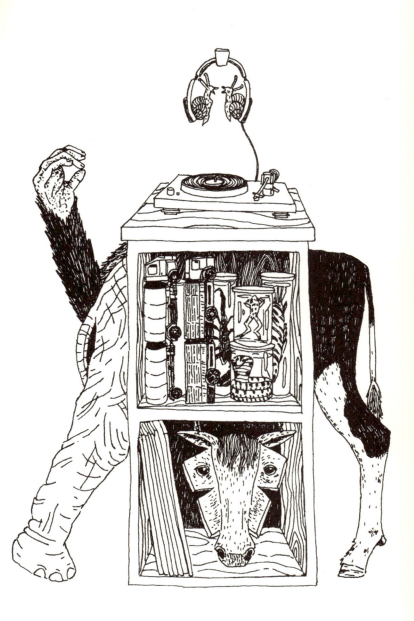

Datum: 05. Juni 2014 12:55:56 MESZ
Von: neuesvonder@hanseplatte.de
An: alle@dadraussen.de
Betreff: Die letzte Geschichte

Er nun wieder

Es war wie immer. Laut und voll. Ein normaler Freitagabend in der Leopoldstraße, Ende der Siebziger. Der wirksame Hemmungslöser Alkohol tat zuverlässig seinen Dienst: Das unverhohlene Flirten, die tönenden Gesten, die grellen Witze – die Nacht würde lang werden. Das Wochenende stand auf Start.

Einzige Sorge im Raum: Das SUBWAY hatte Post vom Amt bekommen. Wegen fortgesetzter Verstöße gegen die neuen Verordnungen. Die Lautstärke. Sogar zwei Herren mit Dezibel-Messgeräten waren bereits da gewesen. Das Amt hatte den Laden sowieso am Kieker wegen der bescheuerten Kids, die so gern in Rudeln am Klodeckel riechen. Kein Zweifel, wenn noch mal was passierte, wäre die Lizenz weg.

Georg oder Schorle-Georg, wie ihn seine Freunde wegen seiner Vorliebe für verdünnte Drinks nannten, war Wirt, seitdem er denken konnte. Oder besser gesagt: seitdem er das Studium vor 15 Jahren ins Leben verlagerte. Er konnte nichts anderes, das SUBWAY war seine Existenz.

Zum Glück lief es. Keiner wusste wieso, aber der Laden war auch heute wieder gerammelt voll. Mindestens die üblichen 500 Leute drin, dazu die vielen, die vor dem Laden auf der Straße dem anderen Geschlecht schöntaten. Einrichtung, DJs, Publikum, die Mädchen, die bedienten – nichts war wirklich besonders. Vielleicht ist das Mittelmaß doch das größte Geheimnis.

Georg waren solche Theorien schnurz. Seine größte intellektuelle Leistung bestand in seinem Plan, die Umwelt über seinen Alkoholkonsum zu täuschen und als allenfalls mäßiger Trinker bekannt zu sein. Schon mal gut für einen Wirt. Er machte sein Ding, auch heute. Der Abend verlief in gerahmter Bahn.

Bis ein Typ gefunden wurde. Tot.

Im Herrenklo zusammengesackt, kein Puls mehr zu spüren. Einer seiner »Augen«, so nannte Georg die unauffälligen sich unters Partyvolk mischenden Securitymänner, hatte ihn gefunden und sofort die Klotür von außen verriegelt.

Georg war klar: Wenn das rauskommt, ist sein Laden dicht. Scheiß-Junkies. Konnten die nicht drüben am Theresienpark ihren Goldenen Schuß setzen? Warum bei ihm? Warum jetzt?

Wieso nicht einfach vor die Tür setzen, fragte der ältere der beiden Abendchefs, als sie backstage zu dritt die Lage erörterten. Das sieht doch jeder, meinte das Auge. Nein, unmöglich, vergiß es, das geht nicht.

Ich kenn da einen, der lässt sicher auch Leichen verschwinden, den könnte ich mal anrufen. Auges Kontakte waren zahlreich, aber so oberflächlich wie seine Seriösität.

Ich weiß, was wir machen. Wir setzen ihn ins Klo vom PASCHA. In den Laden gegenüber, die sind eh richtige Bratzen. Kopieren alles von uns, sogar die »Ladys nur Ladyspreise«-Idee. Oft kamen Georg solche brillanten Ideen nicht, aber jetzt kam's drauf an.

Wie meinen? Ganz einfach: Rechts und links unterhaken und als Besoffene rüber über die lärmende Straße, runter bei denen aufs Örtchen und ab die Biege.

Vollkommen irre, aber es funktionierte: Die Leopold war so bumsvoll, dass die drei Torkelnden mit dem vollkommen Hinüberigen in der Mitte niemandem auffielen. Einer rief noch hinterher: »Auch Taxis sind Autos!«

So setzten sie den Toten einfach genauso bei der Konkurrenz hin, wie sie ihn bei sich gefunden hatten. Das Türschloss schnell mit nem 2-Euro-Stück von außen zugemacht, und ab, schnell wieder an den heimischen Tresen und den Coup begossen.

Muss ja weitergehen! Wir lassen uns doch nicht von einem verdammten Drogentoten den Laden zumachen! Wäre doch gelacht. Wir doch nicht, wir sind Profis.

Der Abend wurde doch noch richtig, richtig gut. Immer wieder trafen sich die drei Ausgebufften und Stößchen.

Die Partymeute um sie rum feierte sich selbst und die Welt.

Und noch einen. Und noch ein Kater-Karlo-Lachen: Harhar. Laughing out loud. So viel Chuzpe muss man haben, hat nicht jeder.

Bis das Auge vom Pissen hektisch die Treppe hochsprang: Ihr glaubt es nicht! Der Typ ist wieder da! In demselben Klo! Was zum Teufel?

Das kann doch nicht wahr sein – war der gar nicht tot gewesen?

Doch, war er. Die vom PASCHA haben nur manchmal auch ganz gute Ideen. Oder einfach die gleichen Probleme, die man lösen muss.

Georg starrte in sein verdünntes Bier.
Der DJ legte gerade »I will survive« auf.

Bonüsse

Golden Pudel Club und
Pudel Produkte
Texte 2005 – 2010

DER GOLDEN PUDEL CLUB
Die Idioten am Horizont sind weit weg

So geht das nun schon jahrelang in Hamburg: Die Stadt legt am Hafen eine Dumme-Hühner-Zucht an. Der Golden Pudel Club antwortet mit einer Paradiesvogelfarm mit Hodenhaltung.

Auf dem Kiez regeln Schilder, was Gesellschaft, Schule, Polizei, Eltern und Gene nicht mehr hinkriegen. Im Golden Pudel Club malen sie sich ihre Schilder selber und schreiben drauf: »Ich bin nur ein Schild, du Idiot!«.

An der Elbphilharmonie vergolden sie die Lanzenspitzen der Feuerwehrtreppe – im Golden Pudel Club sickert der grindige Eiter auf'm Dancefloor ungefiltert in den Boden.

Dort graben sie immer tiefer, bauen immer höher und machen Mache. Hier lockern sie alle Schrauben, verstopfen die Düsen und lassen es auslaufen.

Wo soll das enden? Dieses Übergetrumpfe, Ausgesteche, Besiegewolle?
Auge, um, Zahn usw.

Schluss damit! Der Golden Pudel Club (GPC) gibt hiermit das einseitige Ende des Wettrüstens bekannt: Er wird in Zukunft nicht mehr auf die Mammuts, die Orkane und gigantischen Chamäleons der Schlachtenmaler reagieren.

Die Nulpen können machen, was sie wollen – der GPC wird das alles überstehen, wie man Masern übersteht! Weil der Golden Pudel Club die größte Energie der Welt hat! Er hat den Jazz. Er hat Gott in der Tasche.

Er legt jeden Tag unter schönem Freudengegacker wundersame Eier. Und nie wird ein Instrument verprügelt, wenn es das nicht will.

GPC-Kraft kommt direkt aus der Mondsonne.
Im Golden Pudel Club ist immer Saison.

Die Idioten am Horizont sind weit weg.

PUDEL PRODUKTE 1
VÖ: Februar 2005

a.1 Adolf Noise – »Zuviel Zeit«
a.2 Platzgumer & Shaw – »Miss me« # »Rüftata110 w/
Erobique Mix

b.1 Superpunk – Denn man kann einen ehrlichen Mann
nicht auf seine Knie zwingen # Raf le Spoinks SuperSu-
perPunk Mix
b.2 Sab Janoh & Viktor Marek – Wer will hier gefickt
werden?
b.3 Viktor Marek & Jacques Palminger – Tüdeldub

Pudel Produkte ist das alteingesessene Hamburger Pofaltenlabel von der Elbe (Salzburg), wo der Golden Pudel
Club seit Jahren bei verschiedenen Naturgewalten (Zel-
lulose, El Niño, Bierschwämme) noch eine Rechnung
offen hat. Und weil Besinnungslosigkeiten seit jeher
mehrheitsfähig sind, geht es jetzt darum, dass Pudel Produkte sich gar nicht erst hinten anstellt, sondern gleich,
schon morgen Nachmittag, ganz vorne links als knö-
delnder Popanz im Stile eines Ulrich Wickert die Hasen-
charts mit einem Lippenbekenntnis anführt. Was nicht
mal als Idee damals 1991 entstand, war sofort als Dop-
pel-Vinyl in kleiner Auflage und ohne Klagen verschrien.
Mit Live-Aufnahmen von King Rocko Schamoni, Die
Goldenen Zitronen, Die Trinkende Jugend Hamburg,
Die Mädchen Bremen, aber auch von Wild Billy Chil-
dish, Funny van Dannen und Helge Schneider haben die
größten teilweise lebenden Namen nach Christo und
Jeanne-Claude unter der Burka ihres Selbstvertrauens

auf der Bühne Platz genommen. Knapp zehn Jahre später dann der zweite Streich: Der »Operation Pudel 2001« konnten keine Verbindungen zu den Harburger Bruchpiloten nachgewiesen werden, wie Karlheinz Stockhausen in einem Memorandum per Hubschrauber verbreiten ließ.

Passend zum Jahr 2005 gibt es Neuigkeiten. Pudel Produkte sollen nun halbjährlich alle zwei Monate als Maxi erscheinen, schreibt der MÜNCHNER MERKUR. Konkret bedeutet dies, dass unter der Ägide von King Rocko Schamoni (Geld), Gereon Klug (schlau) und Ralf Köster (ProSiebenSat1) an Mitbestimmung zunächst nicht zu denken ist. Und so ist auch gleich die erste Veröffentlichung ein »Schritt in die richtige Richtung« (Handelskammer Hamburg). Das erste Lied auf der A-Seite von Adolf Noise basiert auf der Erkenntnistheorie des streitsüchtigen Wahl-Hamburgers Günter Caspelherr und sollte aus Gründen der Gerichtsbarkeit nicht den Weg in die Schlagzeilen finden, sondern auf dem Plattenteller als verschwörerisches Kleinod für echte Connaisseure verharren. »Wer sich hier unbedingt als ENTHÜLLUNGSJOURNALIST profilieren möchte, und nicht STEFAN AUST heißt, den finden wir fortan so richtig scheiße und kann uns kreuzweise«, so Buchautor und Familienvater Rocko Schamoni (47). Der zweite Song hingegen ist zum Abschuss freigegeben. Rüftata110, der zufälligerweise auch Ralf Köster und damit Mitglied der Pudel Produkte Trikolore ist, gibt hier seine Version des R&B-Hits »Miss Me« von Hans Platzgumer und Catriona Shaw zum besten. Ein langes Lied mit überraschenden Wendungen und seltenen Akkorden von Carsten Meyer, das Schmacht und Liebe in einem verblüffend anderen

Licht erscheinen lässt. Die »Top Old Boys« treffen den alten Mann und das All – Rüftata110 mischt den Superpunk-Thriller »Denn man kann einen ehrlichen Mann nicht auf seine Knie zwingen« mit Beats wie auf der Schreibmaschine getippt, frappierend authentisch, fast Gonzo, dieses erste Stück der B-Seite. Sab Janoh und Viktor Marek fragen: »Wer will hier gefickt werden?« in der musikalischen Sprache der Menschen mit Vogelnestern auf dem Kopf. Ein Titel für alle, die nur »das eine« im Sinn haben, vielen Diskothekengängern soll es laut einer Studie des Frankfurter Instituts für Sozialforschung ja so gehen. Der Tüdeldub von Viktor Marek und Jacques Palminger schließt den Kreis, damit auch wirklich eine Platte daraus wird, die sich drehen lassen kann, darüber hinaus war Heiner Ebber ja schon auf der allerersten Pudel Produkte vertreten, was die wenigsten wissen. Fragte man seine Fans, sie würden glatt dieses Stück als das Beste der Platte bezeichnen, weil es auch das einzige ist, wo er drin vorkommt. Viktor Marek sollte man im Auge behalten, der ist nicht nur immer top angezogen, sondern auch ein Fuchs.

Insgesamt ist eine runde Sache aus Vinyl daraus geworden, lässt sich abschließend feststellen. Pudel Produkte hat das Zeug dazu, ganz oben in der Kreisliga der Plattensammler und Discjockeys gespielt zu werden, so die einhellige Meinung führender Musikliebhaber der UNESCO.

BRAND EIS

Bewegung, Veränderung, Wandel. Das ist es, was Wirtschaft so aufregend macht. Das ist es, was uns bei BRAND EIS interessiert. Immer natürlich mit der Konzentration auf die kleinste ökonomische Einheit, den Menschen, ohne den es in keinem Unternehmen läuft. Ob im kleinen Pyrenäen-Dorf oder oben bei Bill Gates in seinem Glaspalast mit USB-Stecker. Doch gilt das Credo des kanadischen Chefökonoms Wrainwright – »Ideologieballast ist eine Last, die mit Eifer sucht, was Leiden schafft« – auch in der gebeutelten Musikindustrie? Die selbsternannten Macher der Pudel Produkte dagegen wollen angeblich »erziehen und begreifen«. Wir fragen: ziehen wohin – greifen wonach? Geht der Zug in die Vorzeige-Welt der Biotechnologie? Zugegeben, meine Laune ist nicht die beste, aber diese Maxi mit satten 26 Minuten bestselling content hebt sie doch auf Pyramiden-Putzer-Niveau.
Herzlichst,
Ihre Gabriele Fischer

ROLLING STONED

Angesichts der Klangqualität hier fragt man sich, warum so viele Besucher des Kult-Clubs am Hamburger Hafen immer über das Rauschen im Ohr maulen. Vielleicht einfach mal das Fenster zumachen? Trotz fehlender dramaturgischer Binnenspannung entlarvt das neue Hochbit-Remastering, wie viel an Räumlichkeit noch drin ist in diesen anämischen Untergrund-Kreisen – allein das rund wie ein Babypopo eingeritzte Nadelbett (analog!)

ist einen Kauf wert. Wird aber Zeit, dass die Produkte mit dem Hund im Briefkopf endlich als SACD-Edition erscheinen! Inkommensurabel!

PUDEL PRODUKTE 2
VÖ: Mai 2005

a.1 Miki Mikron – Bilder Von Dir
a.2 Plemo – Poprock Disco
a.3 Kiss Kiss Bang Bang with Teobi – Every Noise could be Music
a.4 Bodenständig 2000 – Sensibelchens

b.1 School of Zuversicht – Das abendländische Gehege
b.2 Candie Hank feat. Sophie Thibaud – Le Wof Wof
b.3 Rocko Schamoni – Ennios Onions
b.4 Ricardo Prosetti & Kazyushi Frogati – Sodapoppin Booty

PUDEL PRODUKTE EINS kam gut sehr gut an:
* Beim Endkonsumenten: über 2000 verkaufte Vinyle!
* Beim Wochenendtänzer: Schmunzel-Dance-Contests allerorten!
* Bei Media Control Japan: Chart-Entry im Land des Lächelns!
* Bei der Presse: Platz 1 der SPEX-Single-Charts im April!
* Bei den DJs: »Die tippe ich überall rein!« (DJ Stachy)

Es ist es Zeit für die nächste Packung! Wie gewohnt sparen wir weder an Material (wieder Prägedruckcover & 180 Gramm-Vinyl) noch an Inhalt (fast halbe Stunde Content!), das sind wir als Papst uns mindestens schuldig. Diesmal liefern die hervorragenden Künstler in folgenden Kategorien ab:
* richtige Songs bzw. Limericks mit hohem Chartbetrugs-Potential

* Fake-Instrumentals, in den doch hinten im Lied wieder Gesang kommt

Fangen wir doch gleich stumpf hitgeil an: Das musikalische Spiegelkabinett »Bilder Von Dir« des sympathischen Alliterations-Kings MIKI MIKRON ist ein romantischer Neoklopper, bei dem sich der schöne Gesang nicht am Rhythmus stören will. Hätte Mikron als kleiner Junge nicht so viel Pechkekse beim örtlichen Chinesen gegessen, aus ihm wäre ein sogenannter Hitlieferant geworden! Eine sichere Nummer Eins im Traum.

Kommen wir zum nächsten Underground-Poeten: Auch PLEMO setzt wie alle modernen Pudel-Produkte-Künstler konsequent auf Monotonie, Kopfnicker-Publikum und Mitgröhlrefrains, nur dass seine Singles nicht aus den Charts verbannt werden, weil er kein Betrügerschwein ist, sondern ehrlich im Wintergarten der Poprock-Disco des Herrn arbeitet. Wir werden sehen, wer den längeren Atem hat. Plemo kann lange!

Die stets auf jung getrimmte erfolglose Altherrenelectro-Combo KISS KISS BANG BANG hat sich mit Teobi nun einen Sänger geholt, der sie ganz nach oben schießen wird: »This awesome Eunuchenfunk is the future!«, so SYMBOL aka PRINCE aka SYMBOL in einem symbolischen Moment über den bedenkenswerten Aphorismus »Every noise could be music«. Musikalisch ist dieser schleifende Stöhn-Groove sicher eh nur schwer zu übertreffen. Wenn das so weiter geht, releasen die in Zukunft auf Bellaphon oder Arcade!

Auf ganz anderem Boden grasen zwei der kecksten Figuren der internationalen Mitnahmementalität: Als BODENSTÄNDIG 2000 veröffentlichten sie auf dem Aphex Twin Label Rephlex den Klassiker »German Rave

Blast Hits Vol. 1«, hier bei uns zeigen sie nun ihre weiche Seite: »Sensibelchens« sind subsonische Bässe und Samples von Dschingis-Khan-Lookalike-Bands in einem Song, der uns zu Weinkrämpfen rührt. Weltniveau!

Weiteres Softeis mit Krokant: Hinter dem im Kopf ausgedachten Pseudonym SCHOOL OF ZUVERSICHT verbirgt sich keine geringere als DJ PATEX, die sonst den Politbarden KNARF RELLÖM beim Welterobern unterstützt. Ihre Flüstertütenerotik-Komposition »Das abendländische Gehege« setzt gezielt auf Reizunterflutung. Besonders schön: Der noisige Distortion-Part, der Friseure erschreckt! Eine Nische wird geschlossen.

Franzosen nennen das Katzengequieke vielleicht Chanson, wir nennen »Le woff woff« einen leckeren Batzen Maunz-Pop. Der Berliner Außenseiter Patric Catani hat sich als CANDIE HANK mit SOPHIE THIBAUD die neue Vanessa Paradis geangelt, die hier ihre Realisierung einer Vision formuliert. So schön, so Sophie! Sie ist mit großen Hoffnungen auf eine Karriere aus der Bretagne rüber mit Citroën. Soll mal vor dem Pudel parken, die Frau!

Da hilft nur eins: Runterkommen von den Emotions, sich wieder mit der musikalischen Basis anfreunden. Klar, dass jetzt eine Kante wie ROCKO SCHAMONI wartet, der seinem neuen Steckenpferd »B-Seiten-Kompositionen in 1A-Qualität« frönt. »Ennios Onions«, cool im Spirit eines Adriano-Celentano-Soundtracks gehalten, hat freche Zwischenrufe seiner Tochter und sowieso die besten Footclaps seit der letzten NEPTUNES. Und testen Sie mal: Von oben sieht das Lied aus wie eine kleine Ameise!

»Geisterbahn Künstlereingang« hören die beiden furcht-

gen Fressen RICARDO PROSETTI & KAZYUSHI FROGATI oft, wenn sie irgendwo auftauchen. Uns hat das nie gestört, wir achten auf innere Werte und musical consciousness. Dass sie die haben, beweisen die beiden sonst bei den PUPPETMASTAZ beschäftigten Kretins mit einer Version eines toten Klassikers aus der Hochkultur. »Sodapoppin' Booty« setzt ganz auf Melodien für den Kinder-Piano-Unterricht und die geil abgeschmacktesten Steigerungsbreaks seit der letzten SCOOTER, die auch mal langsam abtreten könnten. Nur fett.

Rezensionen

DAS ZEIT

Die neue EP aus dem Hamburger Club unten am Hafen ist wieder eine schöne Mischung aus Glamour und Unberechenbarkeit, überwölbt von der Verheißung, man werde hier die Spiritualität neu entdecken. Gleich mit den ersten Takten von Mikri Mikron, die sich heben wie eine Insel aus dem Schweigen, von einer ungeheuren Pause (4 Sekunden Stille!) gefolgt und dann von Songs von so unterschiedlich sublimem Charakter wie Catani, Schamoni oder Plemo, die nicht aus der Seele, sondern gleichsam objektiv aus der Natur zu kommen scheinen. Unheimlich. Das ist Musik, die sich von ihrem Komponisten emanzipiert hat, die nicht mehr überwältigen und narkotisieren muss, sondern einfach da ist, Weite erzeugend in all ihrer Vielfalt und Notwendigkeit. Vorhang auf für ein gewaltiges Projektionsrechteck. Die Ecken heißen Liebesglut, Pop-Rock-Disco, Zukunfts-Funk und Neo-Chanson. Vor allem auf den ruhigen Liedern ge-

lingt es: Bodenständig 2000 mit traumschönem, fokussiertem, warmem Mezzo, DJ Patex mit reichem, beweglichem Bass, so getroffen und so anrührend, dass ihr Gewährsmann Knarf Rellöm zu Recht im Hintergrund bleibt. Ein Platte, die für jeden hörenswert ist, der heute mit dem Begriff Pop hantiert.
Dr. Gator Schult

PLASTIC BOMB (Mai 05)
Für n schlappen 8er legt der Pudel Club nach und mit der zweiten Folge wieder ein grundehrliches Manifest ab. Textlich aus dem Bauch und musikalisch perfekt. Und damit schaffen sie das, was man vielleicht Verbundenheit nennen kann. Sie machen eine Platte, die man ihnen auch abnimmt. Das ist kein Konstrukt, wie man diesen oder jenen Hit aus der Vergangenheit wieder zum Leben erwecken kann. Das ist eine Zustandsbeschreibung von heute. Wer SLIME zu sehr glorifiziert, der kommt hiermit bestimmt nicht klar. Alle, deren Erkenntnis ist, dass man nicht ewig 20 ist und darüber auch nicht ewig singen muss, die kommen mit dieser EP prächtig klar. Und Wut haben die Pudel-Typen immer noch. Nur richtet sie sich auch mal auf die vermeintlichen eigenen Reihen. Gegen die Kritiker, die kein Abweichen von der plenengestählten, allgemeingültigen Wahrheit zulassen. Jepp. Das ist eine total geile Scheibe. Bestes Stück: Kiss Kiss Bang Bang. Das erinnert mich an meine Zeit als Zivi in Holzminden, wo ich … (gekürzt)
Atze

GALA (Nr. 19, 2005)

Steht Teil eins in nichts nach! Action und Adrenalin pur! Obwohl im Vorfeld das Gerücht kursierte, Rocko Schamonis Lächeln sei gespielt, als er las, wer noch auf diesem Sampler mitmacht. Aber dann wurde alles wieder gut, als ZDF-Lady Nina Ruge dem sehschwachen Salon-Punker die Interpretenliste doch noch richtig herum drehte. Glück gehabt! Beider Kuschelwochenende geriet zu einem Traum aus Tüll, Electro-Carpaccio und zauberhaft-romantischer Stimmung.

PUDEL PRODUKTE 3
The Dark Side Of The Pudel
VÖ: September 2005

a.1 DJ Phono – Welcome to your life
a.2 Rocko Schamoni – Electric Hawaii

b.1 Felix Kubin feat. Mark Boombastik
aka D Großmutter – Stelle am Mund
(T. Raumschmieres Donald Koch Mix)
b.2 John Callaghan – I am not a DJ
b.3 Felix Kubin – Dead End Brain

Von den Machern des Kapitalismus empfohlen!
Nicht umsonst hat der Pudel Club alle seine Fenster mit
lichtundurchlässigen Planken verrammelt. Neben einer
möglichst unangenehmen Belüftung heißt das Ziel, den
Tag zu verneinen und die Gäste über vieles im Dunkeln
zu lassen, z. B. Sauberkeit. Das einzig Helle in der schwer-
mütigen Diskothek an der St.-Pauli-Hafenstraße ist das
Augustiner im Kühlschrank zu € 2,90 den halben Liter.
Ein beliebtes Getränk auch unter Melancholikern, weil
das Preis-Leistungs-Verhältnis stimmt. Passend zu diesem Standard erscheint hiermit die dritte Ausgabe der
Pudel Produkte unter dem Arbeitstitel »The Dark Side
Of The Pudel«, der ganz müde von Pink Floyd geklaut
wurde, denn warum arbeiten, wenn nichts mehr einen
Sinn hat, außer Geld zu verdienen. Finster ist die Platte
geworden, düster wie schwarzes Vinyl nur sein kann.
DJ PHONO steigt nachdenklich ein. »Welcome to your
life« ist eine minimal-invasive Techno-Ballade und hält
dem User den Spiegel unter die Nase. Warum sind so

viele Menschen in den anderen Clubs außer dem Pudel in Wirklichkeit ganz traurig, während sie auf der Toilette Pflanzenpulver mit Fäkalbakterien in ihrem Riechkolben verteilen? DJ Phono nimmt sich dafür satte 10 Minuten Nadelzeit, und lässt den Hamburger Michel zur besten Endzeit eine bimmelige Untergangsstimmung verbreiten.

ROCKO SCHAMONI träumt sich nach Electric Hawaii. Träumen, das wird man ja wohl noch dürfen, sofern es die Polizei erlaubt, hat sich der gesetzestreue Familienvater gedacht. Schamonis Träumerei zeugt von einer Musikalität, die ihren Komponisten einen frühen Tod beschert, so wie BRAHMS, der schon mit 64 starb. Eine Erlösung durch Strom, die Thema seiner seelenstarken Tonfolgen ist, wie das eingebettete bronsonale Zitat vermuten lässt. Hat der romantische Entertainer, der schon Sonne und Mond bestieg, endlich seinen Gipfelfrieden gemacht?

T.RAUMSCHMIERE hat die Ehre, die großartige »Stelle am Mund« von Felix Kubin und Marc Boombastic neu aufzukratzen, die damals in kleiner Auflage auf der 7" »I hate art galleries« bei Meeuw Musik erschien. Das tut er mit reellem Bauarbeiter-Techno, der nahezu das ganze Spektrum dessen abbildet, was die öffentliche Diskussion in den letzten zehn Jahren bestimmt hat. »Stelle am Mund« markiert die Rückkehr des Hardcore-Barock als düsterer Endzeit-Stomper, der das Waschen mit Wasser verabscheut.

JOHN CALLAGHAN schwört Lärm und Krach, dass er kein DJ ist. Der verschwenderisch englisch aussehende Brite aus dem Vereinigten Königreich hat die besten Dark-Rave-Elemente der Welt in Schnipseln so zusammengesetzt, dass sie einen kraftvollen Sog entwickeln, der alle flöten gegangenen Hoffnungen aus der Kanalisation zurück zum Erzeuger spült.

FELIX KUBIN hier als Blixa Bargain, könnte man meinen. »Dead End Brain« ist ein Stück wie ein Schnäppchen aus dem Industrial-Regal und Kubin der hypnotisierende Konsumentenflüsterer. Doch trotz seiner Beschwörungen einer geistigen Finsternis bleibt der attraktive Science-Pop-Boy wie immer dazu verdammt, im gleißenden Lichtkegel seiner eigenen Theophanie die Dunkelheit nur zu ahnen.

Alles in allem ist »The Dark Side Of The Pudel« mehr als nur die düstere Bestandsaufnahme von fünf Musikern. Sie ist der tönende Beleg dafür, dass eine Dunkelziffer heterosexueller Männer aller Altersgruppen wie gehabt an der Büchse der Pandora ungeniert rumnestelt.

PUDEL PRODUKTE 4
VÖ: Juli 2006

a.1 Robag Wruhme feat. Helge Schneider, Rocko
Schamoni, Leni, Feni & Dorle – Katze geil
a.2 Hansepferd – bismarckE

b.1 Electronicat feat. Miss le Bomb – lost gigabyte
b.2 Jason Forrest – leather chap

Liebe Multis von Dremel,
endlich erscheint eine neue Folge der bumsfidelen
PUDEL PRODUKTE.
Folge 4 vereinigt die besten Momente einer Orgie mit
Mümmelgreisen und einer monatelangen Teenie-Askese,
wo man erst mal mit sich selbst alles klarmachen muss –
balanciert also leichtfüßig genau über der Schlucht zwischen Alter und Jugend, dem großen Loch verlorener
Jahre zwischen 16 und 61. Pudel Produkte aber baut die
Brücke über den Generationenkaries!
Gleich der Anfang symbolisiert dies sehr gut: ROBAG
WRUHME (Freude am Tanzen) schiebt unter ein locke-
res Dark-Room-Gespräch zwischen den alten europäischen Eigenbrötlern HELGE SCHNEIDER (Ex-Brösel-
maschine) und ROCKO SCHAMONI über geile Katzen
einen Jazz-Shuffle, der JAZZANOVA den Espresso aus
der Tasse saugen wird. Spätestens wenn Helge »Oma is
geil« lefzt, kann keiner die geilen Körpersauen, die dieses
Stück Musik in uns aus dem Stall lässt, aufhalten. Wipp,
wipp, wipp!! Ein Hit, wie es ihn nur auf Pudel-Platten
geben kann und soll.
Ähnlich körperorientiert arbeitet seit jeher JAKE THE

RAPPER, der inzwischen in Berlin an der Ampel stehende Leute mit seinem Trick (dicht dahinter stellen und dann Bauchhaare kraft Hass aufrichten) auf die Alleen schubst. Das kommt auch dort gut an. Für unsere geprägedruckte gold/kackbraune 12" hat er sich als HANSEPFERD – ganz mit schuldigen Touristenaugen gesehen – unser schönes Hamburger Bismarck-Denkmal ausgeguckt: dort sollen der Legende nach noch Nazi-Schweine drunter hausen. »Yo Bismarck! Show me where your bunker at!«, skandiert der in Politdingen mit allen Brackwassern gewaschene Ami. Der Beat, aus Computer und Acidbrühe von Dennis Karimani aka REMUTE zusammengehauen, verstärkt den Eindruck, dass man es hier mit einem zukünftigen Trend zu tun hat. PolitTechno – the beginning of a new era!

Die zweite Seite haben wir bewusst auf die andere Seite der Maxi gepackt, damit man sie auch im Dunkeln findet. ELECTRONICAT feat. MISS LE BOMB haben uns ein Stück Electro-Rock geschenkt, das rumnörgelt, verzerrt und krachschlägt, wie es kein vierjähriges Arschloch vor der Wallmart-Kasse wegen der Quengelware fertig bringen könnte. Lasse reinböngen! Die süßkehligen Vocals von MISS LE BOMB sind extra im Windkanal aufgenommen worden, um dem mächtigen Electro-Distortion-Mahlstrom die Stirn bieten zu können. Wir finden: ein Fön von einem Hit!

Ähnlich arbeitet JASON FORREST, besser bekannt unter seinem Pseudonym DONNA SUMMER. Heimliches egoistisches Rockerschwein, das er ist, verschafft er sich mit seinem tolldreisten Credo »Stärken stärken und Schwächen schwächen!« jederzeit einen Vorsprung in der weltweiten Gemeinde digitaler Splittermusiken. Man hört es »Leather Chap« an: Durch geschickte Verwendung von abgenudelten Rock-Riffs spielt man unweigerlich Fingertwist in Magenhöhe, bevor man peinlich berührt die Hände wieder hinterm Rücken verschränkt und rumpfeift. Das Stück dürfte bald als Panikmache gelten, was uns recht wäre.

Insgesamt erscheint Pudel Produkte 4 damit als Produkt einer Zeit, in der ein Wackel-Elvis, ach egal.

No pasaran, free Lil Kim!

OPERATION PUDEL 2006
VÖ: November 2006

Stellt euch Lackaffengiraffen!
Konsequenter und unerlässlicher denn je brauchen die Gejagten heute ihre standhaften Koalitionspartner. Es gilt niemand Geringeren als den Tod wegzuscheißen! Der Golden Pudel Club Hamburg hat jetzt SOS gefunkt. Weil es nicht mehr zum Aushalten war. Und gottlob blieb unser Schrei nicht ohne Echo. Im Gegenteil! Ein kolossaler Schlachtstoß aus Leidenschaft und Potenz hat sich völlig unprätentiös zu einer mächtigen Gegengarnison formiert. Hellwach stehen die Ketten gebildet. Alle sprühen alles.
Meine sehr verehrten Damen und Herren, es ist nun so weit. Die Compilation »Stellt euch Lackaffengiraffen! Operation Pudel 2006« ist geboren. »Fenstersturz! Kaiserschnitt!«, pfeifet es zu Recht von den Dächern. Der Laden mit dem lustigen Hund hat richtig satt Richtfest gefeiert. Eine nicht im gewagtesten Träumchen erwartete Anzahl von RitterInnen hat ihre Gefangenen gemacht.
Für alle Mitwirkenden ein Erlebnis des Jahres wie eine schöne Dompteuse!
Die CD enthält das Beste der bislang nur auf Vinyl-12" veröffentlichten EPs Pudel Produkte Eins bis Vier! Plus zahnlose Bonüsse von sogar internationalen Interpreten! Bis auf einen Track sind alle noch nie auf CD erschienen! Zu den Tracks im Einzelnen:
1. JOHN CALLAGHAN – »I'm Not Comfortable Inside My Mind«. Scheißschöner Klassiker einer vergessenen Sackgasse in Modern Electronic City: Gab's bislang nur

auf 7" von 1998 und erscheint mit frdl. Genehmigung von WARP.

2. SANDRA WRAMPELMEYER & CARSTEN »WAMPE« MEYER – »Fell In Love On The Fuck-parade«. Zartharter Hit aus der Pop-Hit-Schmiede Erobiques, der die bittersüße Berliner Realität als den Geschmack der Zukunft definiert. Released auch als 7" auf Nobistor!

3. FRAKTUS – »Affe, Sucht, Liebe«. Von einem Chrome-Tape überspielt: Aufnahme der deutschen Krautrock-band, die mutmaßlich Techno erfand, indem sie die Snare einfach mal mit dem Knie … äh – Von ca. 1984. Exklusivtrack!

4. HEINZ STRUNK – »Scheißhausalien«. Nicht umsonst gilt Heinz Strunk als brutaler Nassauer zeitgenössischer Abgreifmentalität und Hasskapelle in Personalunion. Sehr schwer verdaulicher Exklusivtrack!

5. VIKTOR MAREK & JACQUES PALMINGER – »Tüdeldub«. Von Pudel Produkte Eins: Der heilige Gral hanseatischer Braukunst. Der Beat reicht bis nach Amerika hinein, der Text echot den Klassiker der Gebrüder Wolf. Nicht totzukriegen.

6. SAB JANOH & O-MANN O – »Staubsauger«. Kein Wunder, dass Sab Janoh (of »Wer will hier gefickt werden?« PUDEL PROD Eins-Fame) Probleme mit Geräten hat: Er ist eigentlich Tierpfleger im Privatzoo seiner frisch ondulierten Ölhaare. Exklusivtrack!

7. HERBERT – »Something Isn't Right (Remixed By Michael Fakesch & Taprikk Sweezee)«. Auf Vernickelung polierter Remix eines DER Namen im Feuilleton-Techno: Fakesch gehörte zu Funkstörung, Sweezee zu Zoik. Gucken Sie bitte im Web nach. Exklusivtrack!

8. DJ PHONO & JAN PETER – »Welcome To Your Life«.
WTF, da muss man sich fügen: Apokalyptischer klang
der eh todgeweihte Techno nie. Von Pudel Produkte
Drei.

9. MAX TURNER – »Awa' With The Birds«. Diese
Killer-Keuche stolpert über jeden Vogelschiss, vor allem
wenn er seine Simpsons-Socken nicht endlich auszieht.
Von seinem neuen Album »The Purple Pro« (Meat-
booty), dicke Empfehlung!

10. ROBAG WRUHME FEAT. HELGE SCHNEIDER,
ROCKO SCHAMONI, LENJA, FINA & DORLE –
»Katze Geil«. Das soll wohl ein Gespräch sein? Lass mal
kein Problem daraus werden, Meister! Alles easy! Von
Pudel Produkte Vier.

11. RICHARD – »Pudel auf Pumpernickel Party«. Wer
den Golden Pudel Club kennt, weiß, wie schwierig dort
irgendetwas wie »Atmosphäre«, »Zustimmung« oder
»Die Welle« zu ernten ist. Das hier ist kein Beleg dafür.
Exklusivtrack!

12. TOLERANTES BRANDENBURG – »Schumi (Mense
Reents Rmx)«. Schade: Der König fährt nur noch Rasen-
mäher. Unser Tribute an einen deutschen Spinner, der
irgendwie auch Mensch geblieben ist, und das Kinn des
Jahres 1985 bis 2006. Exklusivtrack!

13. SCHORSCH KAMERUN – »Bloß weil ich friere, ist
noch lang nicht Winter«. Die junggebliebene Polit-Thea-
terschranze mit der ganz eigenen Denke formuliert mal
wieder aus dem Stegreif druckfähige Stanzen ohne
Schusterjungen und Hurenkinder. Wahnsinn und Exklusivtrack!

14. FELIX KUBIN FEAT. MARK BOOMBASTIK
A.K.A. DIE GROSSMUTTER – »Stelle am Mund (T.

Raumschmiere Donald Koch Remix)«. Reeller Bauarbeiter-Techno, der die Rückkehr des Hardcore-Barock
als düsterer Endzeit-Stomper markiert, der das Waschen
mit Wasser verabscheut. Von Pudel Produkte Drei.

15. WEVIE STONDER – »Some Mothers Do 'Ave
Fish«. Das trojanische Pferd kotzt der internationalen
Kunstszene die Apotheke voll. So was kann nur aus verschiedenen Ländern kommen und tut es auch, jedenfalls
in den Grenzen von heute. Exklusivtrack.

16. ELECTRONICAT FEAT. MISS LE BOMB – »Lost
Gigabyte (Edit)«. Das nervt die Nerven der Erben. Das
erben die genervten Verben. Das werden die nervenden
Elenden werden. Richtig: So klingt das Stück. Von Pudel
Produkte Vier.

17. JASON FORREST – »Leather Chap«. Dieser Herr
(aka Donna Summer) zieht demnächst nach Berlin und
baut mit seinem Fitzel-Electro schon mal vor, damit die
ihn da über den Zebrastreifen lassen Von Pudel Produkte Vier.

18. KISSOGRAM FEAT. INGEBORG SCHNABEL –
»Katze in der Fensterbank«. Wer hier nicht konsequent
wegschielt, guckt wohl die ganze Nacht DSF mit gespitz-
tem Bleistift. Oder anders gesagt: »Der Zwerg reinigt die
Kittel!« Exklusivtrack!

PUDEL PRODUKTE 5 & 6
VÖ: August 2007

a.1 Modeselektor ft. Otto von Schirach – Hyper, Hyper (Scooter)
a.2 Jence – Mental Musique (Hanseatic Preview Edit)
b.1 Elektro Willi & Sohn – Alle Fitzen Rein
b.2 A Different Jimi – Nubian Love Call

a.1 Acid Pauli – Autofahn
a.2 Fuhlbrügge Rellöm/Rellöm Fuhlbrügge – Haushaus
b.1 Chris de Luca vs Phon.o – Ghetto Plastic
b.2 Herbert – Something Isn't Right (Remix by Michael Fakesch & Taprikk Sweezee)

Liebe Rentner,
mit der neuen Pudel Produkte 5 & 6 geben wir bekannt, dass unser alteingesessenes Pofaltenlabel vom Radiosender Oldie 95 aufgekauft wurde und deshalb nur noch Hits von vorgestern zum ranzigen Besten gibt. Gleich 8 Stücke sind wie Kalk im Kopp oder Namen auf Grabsteinen in den altmodischen Werkstoff Vinyl eingeritzt worden. Arbeitstitel: »Anno dunnemals«. Diesmal sogar auf 2 Platten – ein Vintage-Format, mit dem man sogar alte Muffelbrause verkaufen könnte.
Sie erscheint Ende September via Kompakt/Hausmusik und am 25. 9. ist PUDEL PRODUKTE 5 & 6 RELEASE SAUSE im Golden Pudel Club mit ca. der Hälfte der Beteiligten.
Los geht das angegorene Methusalem-Kompott mit »Hyper, Hyper«, und hätte man ein Gedächtnis, wüsste man diesen Hit zu schätzen. MODESELEKTOR inter-

pretieren mit dem Namensältesten OTTO VON SCHIRACH den SCOOTER-Klassiker so gut und gichtig sie können.

»Mental Musique«, diese Stolperfalle auf dem Weg zur geistigen Umnachtung, haben wir JENCE zu verdanken, der als die graue Hälfte von DIGITALISM demnächst Goldene Hochzeit feiert. Was sich anhört wie französische Hausmusik von vor der Jahrtausendwende ist wahrscheinlich auch so gemeint, da müsste man ihn mal fragen.

ELEKTRO WILLI hat die Stampf- und Furzmaschine angeschmissen, sein SOHN ist grad 80 geworden, »Alle Fitzen Rein« heißt nichts anderes, als dass die Herrschaften aus Würzburg undicht geworden sind, mehr sag »ich« dazu lieber nicht.

A DIFFERENT JIMI, die stets mit Tosca eingeriebene Dampflokomotive von EgoExpress, drückt beim »Nubian Love Call« wohl antike Gefühle aus seinem Doppelherz, und das über sechs Minuten lang – Viagra?!

Viele Alte wollen fahren bis zum Ende, das weiß auch ACID PAULI, der Alias von CONSOLE. »Autofahn« ist ein hypnotischer Sekundenschlaf am Steuer, der jeden Kraftfahrer sicher bis zu Petrus Haustür bringt.

Jetzt kommt was aus dem Pleistozän: FUHLBRÜGGE RELLÖM/RELLÖM FUHLBRÜGGE mit »Haushaus«, das ist wie Vanilla Ice bloß aus Hamburger Schulgestein. Kein Wunder, dass die beiden ihre Namen zweimal aufschreiben, so merken die beiden Silberzwiebeln sich selbst ihre Namen besser, wenn sie sich mal treffen.

Die Alt-Aktivisten CHRIS DE LUCA vs. PHONO.O leisten einen sozialkritischen Beitrag: »Ghetto Plastic« erzählt von den Zuständen in deutschen Altersheimen, und bei den Insassen geht es wohl ganz schön »fresh« zu, manche werden gar im Treppenlift vergessen.

Die andere Hälfte von FUNKSTÖRUNG bildet den Abschluss der Corega-Tour: MICHAEL FAKESCH & TAPPRIKK SWEEZEE mit einer Bearbeitung des Stücks »Something Isn't Right« vom Housepantoffel-Opa HERBERT aus London. Funky as Slowfood!

Nachdem sich viele Beteiligte bei der Produktion dieser Platte in die Hose gemacht haben, lässt sich abschließend sagen: Das muss nicht sein. Heute gibt es moderne Möglichkeiten, die Probleme in den Griff zu kriegen.

PUDEL PRODUKTE 7
VÖ: August 2008

a.1 Jamie Lidell – Little Bit of Feel Good (Andreas Dorau & Superdefekt Remix)
a.2 Jamie Lidell – Little Bit of Feel Good (sdfkt.s Werkzeug Dub)

b.1 Jamie Lidell – Little Bit of Feel Good (Victor Marek On My Noise Rehmix)
b.2 Jamie Lidell – Little Bit of Feel Good (Victor Marek No More, No More Rehmix)

Wir vom Golden Pudel Club, Hamburg, sowie WARP-Records, London, stellen klar: Die sich in Umlauf befindliche PUDEL PRODUKTE 7 (12"-Maxi) »Jamie Lidell – Little bit of feel good« mit Remixen von Andreas Dorau/Superdefekt und Viktor Marek ist ein Bootleg und keine offizielle Pudel Produkte!

Weder die Musiker noch der Golden Pudel Club haben mit diesem Produkt irgendetwas zu tun. Wir lassen derzeit diese Fälschung gerichtlich verfolgen, sind aber auf Mithilfe angewiesen.

Sobald eine dieser Vinyle angeboten wird, bitten wir unter der Kontakt-E-Mail unten um Rückmeldung, möglichst mit Namen des Anbieters und Verkaufsdatum.

An folgenden Merkmalen ist eine Platte als Fälschung zu erkennen:

DIE HÜLLE: Die Hülle ist vergleichsweise dilettantisch nachgemacht. Offensichtlich ist das Cover der letzten PUDEL 12" einfach kopiert worden, dann wurden die Titel simpel im Cut-Up-Verfahren (zumeist im osteuropäischen Raum eine gängige Bootlegger-Praxis) draufmontiert.

Eigentlich einfach zu erkennen, aber wahrscheinlich denken alle, dass die Typen vom Pudel wieder mal besonders clever um die Ecke denken wollten und ja sowieso auf so Trash-Sachen stehen. Das ist natürlich Quatsch.

Das Cover sieht nach unseren Style-Maßstäben scheiße aus, Entschuldigung.

DIE PRESSUNG: Die Qualität der Pressung ist tatsächlich beachtlich.

Die Platte klingt (leider) gut. Abgesehen von den (wiederum im vermeintlich »coolen« Cut-Up-Verfahren hergestellten) Labels gibt es daran nichts zu meckern. Allerdings gibt es Unterscheidungsmerkmale:

Die echte Pudel-Produkte 12" wiegt ohne Hülle etwa 170 Gramm, die nachgemachte hier nur 140 Gramm. Auch die Abstände zwischen den einzelnen Songs sind nicht original: Hier fehlen ganze Sekunden – die Tracks scheinen lieblos aneinandergeklatscht.

Das wichtigste Unterscheidungsmerkmal: Am unteren Rand des Labels der Fälschung fehlt der Satz »Made in Germany GEMA«.

DIE TRACKS: Ja, das eigentlich Wichtigste und der bedauerlichste Aspekt dieser Sache: Die Versionen von Dorau/Superdefekt sowie die beiden von Golden Pudel Club-Geschäftsführer Viktor Marek sind tatsächlich von ihnen – allerdings waren sie NIE für die Öffentlichkeit bestimmt. Sie lagen zum internen Gebrauch auf einem unserer Haus-Server, der – wie wir jetzt erkennen mussten – ein paar Wochen offensichtlich frei zugänglich war. Unter anderem sind dort auch diverse Kundendaten und

Remixe von Felix Kubin, Lawrence (eventuell sogar das ganze neue für Herbst vorgesehene Album!) und mehrere Rocko-Schamoni-Songs zu laden gewesen.

Wenn also auch solcherlei Werke digital oder analog auftauchen: Bitte melden!

Was nun Jamie Lidell zu diesen Versionen meint, war bislang nicht in Erfahrung zu bringen – mutmaßlich ist einem vielbeschäftigten Künstler wie ihm dies auch relativ egal. Uns aber nicht. Fazit: Wir vom Golden Pudel Club, Hamburg, und das ebenfalls betroffene Lidell-Label WARP, London, distanzieren uns von dem Produkt »Pudel Produkte 7« und lassen alle Maxis, derer wir habhaft werden können, einstampfen – im Interesse unserer Künstler. Achtung: Die nächste offizielle Pudel Produkte erscheint erst im Herbst. Mit Tracks von Schorsch Kamerun, Felix Kubin, Superdefekt, Handbag/ Abba, Otto von Schirach und RAF etc.

PUDEL PRODUKTE 8
VÖ: Februar 2009

a.1 Thomas Baldischwyler – Hier Kommt Alex
a.2 RvdS – Dupscheck

b.1 Felix Kubin & Otto von Schirach – Renate
b.2 Raf & Superdefekt feat. Schorsch Kamerun – Sexzwerg (Ich schwirre)

AN ALLE SCHWEINE, HAFENNUTTEN UND HEINZ STRUNK.
Geht es denn eigentlich noch perverser? Wir in Hamburg, der aus Ziegenpeter, Pferderotz und nassem Beust zusammengepappten Nabelficker-Stadt im Elbe-Delta, glauben daran und machen das Unmögliche möglich:

PUDEL PRODUKTE 8CHT
Per. Versions Of Otto, Tote Hosen,
Der Plan & Scooter

Ja, genau. NUR COVER diesmal. Weltstars aus den Genres Humör, Punkermusik, NDW und Deppentechno wird von Gossenstars auf den Kopf gepinkelt. Eine bewährte Künstler-Marotte, an die wir im Golden Pudel Club noch glauben

1. Hier Kommt Alex
Das war schon im Original der Düsseldorfer Hodenpopel DIE TOTEN HOSEN ein rührseliger Muff aus einem siechen Musical vom Stamme Kackewichtig. Und nun der hilflose Versuch eines gewissen Thomas Baldischwy-

ler (Hobbys: Rumoren und Witze mit seinem eigenem Namen machen), aus der Nummer den letzten Saft Bedeutung rauszupressen. Klingt aber wie ein nasser Finger auf Luftballon. Abartig hoch vier.

2. Dupscheck
Der einzige Hit des Anus Mundi des deutschen Humors: OTTO WAALKES. Spielt er heute noch, was RvdS (= Richard von der Schulenburg) nicht daran hindert, dem Track seine groteske Idee von Modern House reinzuwürgen. Es hat sich auch schon mal jemand totgemischt, Herr von Von! Wurde da mit microsoft word gearbeitet? Trotzdem eventuell ein Hit in Twitter-Kreisen.

3. Renate
Aua! Wenn Knorpel singen könnten, was? Ursprünglich ein Novelty-Hit der gefährlichen NDW-Clowns DER PLAN, machen »die beiden Aasgeier vom Wounded Knee« (Barack Obama) Felix Kubin & Otto von Schirach aus dem Lovertune einen unangenehmen Stinkegarten. So schön wie ein Riss im Granatapfel.

4. SEXZWERG (ICH SCHWIRRE) # RAF & SUPERDEFEKT FEAT. SCHORSCH KAMERUN
Ach, ja: Wieder mal ganz groß das Maul auf beim Gegenpapst Prof. Dr. Kamerun! Da haben die beiden Musikusse Raf & Superdefekt sich bei seinem Vocal-Wind im Studio glatt 'n Kleckermann im Näschen geholt. Harhar. Die Fleischfürze von SCOOTER interessieren solche Wehwechen sowieso nicht, die sind ja sowieso »wicked«.

Pudel Produkte 8cht: Und ob das szön ist!

PUDEL PRODUKTE 12
VÖ: Juli 2010

»Plötzlich sagen alle, ich sei konkret ein Gentrifizie-
rungswixer, dabei hab ich mir schon seit längerem
immer voll geil einen auf St. Pauli abgewixt.«

Schorsch Kamerun

Warum wurde diese Platte gemacht?
Sie wurde gemacht wegen dieser Geschichte. Ich erzähle
es Ihnen. Die Chinesen hier wollen mir einen großen
Bären aufbinden. Sie erzählen mir von einer Stadt, die
ganz und gar aus glatten Flächen, ebenen Menschen,
Häusern ohne diese scheiß Porosität und unterlassenen
Anwälten bestehen soll.
Ganz aus Perlnutt! Wer's glaubt, wird selig. Ich aber
glaube es nicht, denn ich weiß, dass alle Menschen außer
mir immer geneigt sind, zu lügen. Dieses ewige Lügen
macht mir ja die Menschen hauptsächlich so verhasst.
Mein Menschenhass ist doch eigentlich nur ein Lügen-
hass! Zurück zum Thema: »Die Stadt existiert«, raunen
die Chinesen und jetzt auch die Japaner.
Mich dünkt es doch sehr verwunderlich, dass man von
derartigen Wunderstädten in ganz Europa und auch in
ganz Amerika nicht eine blasse Ahnung hat. Die Leute
reisen heute mehr denn je – aber sie entdecken immer nur
das, was längst bekannt ist (Google, Windows, Allianz).
Aber unmöglich ist das nicht, so eine Stadt. Ich beginne
die suchende Reise mit 3 gefühlten Sherpas und komme
in die Vorstadt, die kleine Stadt vor der angeblichen
Perlnuttstadt. Es ist eine Besenstadt. Vor jedem Hause
sind ein paar hundert Besen aufgepflanzt. Und darum

herrscht hier eine Sauberkeit – solche Sauberkeit habe ich noch nicht kennengelernt, weder in der Kirche noch in Briefen.

Und man sagt mir öfters: »Marquis, wir sind nicht weit vom Ziel. Die Gegend wird noch viel sauberer werden.« Kurz nur werden wir gefangen genommen – der Reinigung wegen: Tüchtig wollte man uns reinigen. Wir ließen uns alles gern gefallen. Die Automobile sind jetzt auch sehr sauber. Nun wollen wir sehen, was jetzt kommt.

3 Tage und 15 Nächte hört sich alle Schilderung einfach auf. Ich weiß gar nicht, was ich dazu sagen soll! Ich bin wirklich am Ziel. Die Perlnuttstadt existiert. Die Chinesen haben recht gehabt, es sind keine Lügner. Ich muss lachen, wenn ich an die Europäer denke: Die haben keine Ahnung von diesem Stadtwunder, diese Profi-Adligen.

Menschen habe ich nicht in den Straßen gesehen – Staub auch nicht. Pferde gibt's hier nicht, auch keine anderen vierbeinigen Tiere. Nur Vögel gibt's in köstlichen, sehr großen Käfigen. Sie sollen alle sehr reinlich sein, durch die Stäbe sieht man kein Kacki am Fell. Jetzt begreife ich den Reinigungsprozess, den wir durchmachen mussten.

Alles ist ganz glatt, viel größer als das meiste und das Licht kommt von oben, durch ein himmelgroßes Kaleidoskop, was sich in jeder Einheit dreimal verändert.

Sonisch gesehen ist kein Lärm zu hören. Dies ist ja eigentlich nur ein riesengroßes Schloss, aber es hat doch Stadtcharakter in puncto Qualität.

So oder so ähnlich müssten alle Städte aussehen, die einen größeren Kulturwert repräsentieren wollen!

Das muss in Europa bekannt werden. Bitte sorgen Sie dafür! Hören Sie diese Platte! Sie hat nur ein Thema: Die Perlnuttstadt.

OPERATION PUDEL 2010
VÖ: November 2010

Jede Nacht passiert dasselbe Geile drunten am Hamburger Hafen. Spätabends werden da im Golden Pudel Club die Nachthäute auf Kante gespannt. Unter Sirren, Gemurmel und Vermeidungsschmerzen öffnet sich das Knusperhäuschen. Verdaut kurz, seufzt und kneift sich selber am Ohrläppchen.

Aber nützt ja nichts. Der allnächtliche Zeitsturz wird wieder kommen. Auch heute. Das ist unvermeidlich und amensicher. Hinter den Bergen der Gewöhnlichkeit rauchen die Pudel seit schon 21 Jahren nicht zu knapp! Hier reiten sich die Schusterjungen und Hurenkinder wieder das Fleisch warm. Genau dafür hängen die Fühlfäden an der Decke. Genau dafür baumelt gleich die Musik rein. Zu der kommen wir später.

Erst mal versucht die gewohnte Mischung aus Maulaffen und Seelenkäufern dir die Hoden abzubeißen. Einer spinnt immer. Das volle Programm. Dazu der übliche Kintopp: Die Sklaven der eigenen Lenden und die Dromedare lassen sich menschlich aufeinander ein. Sexual gesehen sicher das Beste, was einem passieren kann. Wozu sind sonst Kriege da?

Vice versa: Vernunft, Mäßigung und die ganze andere Durchmogel-Scheiße, die sich die Fahrer der Coca-Cola-Trucks am Steuer mit einem wodkagetränkten Tampon im Po ausdenken, zerbrechen immer in der luftleeren Luft im Golden Pudel Club. Immer.

Schon fast Mitternacht. Wer sich im Zweitberuf noch kein Zubrot als Voodoo-Puppe verdient, spürt nun alsbald ungewohnte Stiche im Rücken. Was kommt denn da herein? Was vernehmen unsere Sinne? Erst ertönt eine feine Saitenmusik. Und dann reißen urplötzlich 2 Saiten entzwei und es dröhnt ganz dumpf durch den Raum: Endlich ist eine DJ mit ihren eselsohrigen Schallplatten da – wie das schon Blasen wirft, die Spannung kann sich getrost mit so was wie sieben dicken Seemöwen messen. Nur mal so als Vergleich.

Und dann geht es los. Ihre tiefe Schubkarre hängt an 4 Gummibändern, aufgespannt über der Tanzfläche. Hier im Mittelpunkte von allem verknoten sich die Sehnsüchte und Hoffnungen einer ganzen Generation.

Zurück in den Golden Pudel Club! Wo das Klimpergeld der Menschheit ewig kreist. Wo inzwischen das Milieu einer neuen Ära das verschwitzte Gesicht gibt. Wo jeden Abend die Globoli zum Bahnhof gerollt werden.

Und es sind ja wirklich alle wieder da. Tante Tine, der Leuchtturmwärter, Knubbel, die Fee ohne Vaseline, die Schweinejungen und die andere individualisierte Masse. Kurz: der menschliche Frontispiz, die Rückseite der Schmutzseite.

Und ihr Getanze ist gewiss für sie alle ein Traum. Aber besser als die Realität! Wird es hell, schüttelt sich das einst aus den Hüftknochen von Verbrechern erbaute Holzgebäude mit gutem inneren Kern. Die Elektrizität fällt ab. Der Grundton hallt noch weiter in den Taxis, in den Spucken und in den Wolken der Zeiträuber.

Ja, der Golden Pudel Club. Hat er es wieder geschafft.

Ich könnte jedes Mal vor Freude weinen, wenn ich diesem schwarzen Schneelämmchen auf der Pfarrwiese begegne. Ehrlich.

GEREON KLUG (Jg. '72, irgendwas mit Medien)

PS: Die Musik auf dieser CD bildet all das ganz gut ab. Derartiges ist ja eigentlich gar nicht zu fixieren.

ENGLISH VERSION
By Harry Rowohlt

Every night, the same horny thing happens down by the Hamburg docks. Come late evening, the night skins are being tautened over edge. Under whirring, murmuring, and avoidance pains, the little gingerbread house opens up. The Golden Pudel Club briefly digests, sighs, and pinches its own earlobe.

To no avail, though. The nightly time lapse is bound to come. Tonight, too. It's unavoidable, bet your bottom dollar. Behind the mountains of commonness the Poodles have been smoking now for 21 years, and smoke they did! Widows, both typographical and otherwise, are riding their flesh warm and ready. That's why the feeler-threads are hanging from the ceiling. That's exactly why the music will be dangling in any minute now. We'll get to that later.

First, the usual mix of gawpers and buyers of souls tries to bite off your balls. Nuts, no pun intended. The entire schedule. Plus the usual flick: slaves of their own loins and dromedaries get along nicely. From a sexual viewpoint surely the best thing that could happen to you. What else are wars there for?

Vice versa: reason, restraint, and all the rest of the wangling-through shit invented by Coca Cola truck drivers with vodka-soaked tampons up their asses break in the vacuum air of the Golden Pudel Club. Invariably.

Near midnight already. If you happen to moonlight as a voodoo doll you'll soon sense unfamiliar piercings in your back. What's coming in there? What is it our senses are perceiving?

First, subtle string music rings out. And then all of a sudden two strings break and muffled rumbling's roaring through the room: At last a DJane's arrived with her dog-eared records –, causing a stir already, the tension's easily to be compared with something like seven fat seagulls. Just for comparison's sake.

And then it starts. Her deep wheelbarrow's hanging from four rubber bands, spread out over the dancefloor. Here, in the centre and focal point of everything, desires and hopes of an entire generation get tied up.

Back to the Golden Pudel Club! Where humanity's small change'll eternally rotate. Where the »milieu« gives a new era its sweaty face. Where, yes, we have neither bananas nor globoli.

And they're really back in, all of them. Auntie Tina, the lighthouse keeper, Lumpy, the Fairy-without-Vaseline, the Piggy Boys and the rest of the individualised crowd. In short: the human frontispiece, the better half of the half-title.

And for all of them their dancing is certainly a dream. But better than reality!

Come dawn, the solid-cored wooden building, once built from criminals' hipbones, shakes. Electricity falls off. The root or tonic keynote still booms in the taxi cabs, in the spits, and in the clouds of the timethieves.

Yes, the Golden Pudel Club. Did it again.

I could cry with joy, every time I encounter this black snow-lamb on the parish meadow.

Honestly.

GEREON KLUG ('s something to do with the media)

ANMERKUNGEN

Die Briefe wurden alle gemailt und enthielten massig Links.
Das ist auf dem benachteiligten Papier natürlich
nicht wiederzugeben. Sollte man aber mitdenken.

Tocotronic + Zwanie Johnson + Thees Ullman + Mediengruppe Telekommander – S. 9
Die Hanseplatte gibt es seit 2006 und dies war nicht der erste Newsletter von Hans E. Platte, nahein! Aber der Beginn dieser Selektion, weil die Hanseplatte seitdem gefühlt endgültig im Hauptstrom mitschwimmt. Haha. War ein Gag.

TURBOSTAAT!!! DENDEMANN (+ exklusive Best-Of-Mix-CD)!!!! – S. 13
Der hier erwähnte kleine Gedanke an die über Autobahnbrücken Reitenden beschäftigt mich seit Jahren. Ist das ein schönes Bild, wenn man drunter durchfährt? Oder unschön? Wieso kommt das überhaupt so oft vor?

Michael-Jackson-Platten gesucht! – S. 15
Wir haben tatsächlich einige, liebevoll dilettantisch gephotoshopte Michael-Jackson-Raritäten danach bekommen. Die schönste ist von Grafikgott Felix Schlüter, der statt Hans Albers den King of Pop »La Paloma« singen ließ. Hängt heute noch im Laden und wird immer von japanischen Touristen fotografiert.

Free MP3s: Pascal Fuhlbruegge ** Kristof Schreuf ** Hans Unstern – S. 18
Dieser Letter gibt sehr schön wieder, was die Hanseplatte ausmacht: Direktkontakt zu Künstlern (Schreuf), Hochempfehlungen kompletter Minderheitenmusiken (Fuhlbrügge) und die Beschäftigung mit (damals) unentdeckten Talenten (Unstern), egal woher die kommen.

St. Pauli 100 5CD-Box! * Gisbert-Magnete * Ankershirts * I-Fire – S. 20
Der Sampler war tatsächlich ruckizucki weg. Kostet momentan bei amazon gebraucht 149 Teuro.

Essen als Weg. Zum 34. Todestag von Elvis Presley – S. 21
Einer der ersten Letter, die schon gar keine Kaufempfehlungen mehr enthielten, sondern einfach dem Freien frönten. Es gibt indes auch ein schönes Elvis-Kochbuch, das Rezepte von Gerichten enthält, die der King nachweislich gern aß oder mutmaßlich gern gegessen hätte.

Segeltuchtasche * Gratiswitz – S. 27
Dieser Witz ist von Tex Matthias Strzoda. Mit ihm und weiteren Kopeiken wie Carsten Meyer, Felix Schlüter und Rocko Schamoni hatten wir damals eine Art Witzeclub, in dem wir uns wochenlang selbstgebaute Gags hin- und herschickten. Ich habe diese Korrespondenz mal der »Titanic« geschickt, weil es teils sagenhaft lustig wurde. Die Redaktion lehnte ab. Begründung: »Zu viel Metahumor.«

Dorle Bahlburg: Künstler im Quadrat – S. 29
Verkaufen wir immer noch stetig und gern, diesen immerwährenden Kalender, der übrigens auch in der deutschen Nationalbibliothek in Berlin hängt, warum auch immer.

NEU Ungeziefer-Quartett * HGich.T * Schöne Geschäfte * Konzert – S. 31
Die Releaseparty zum Ungeziefer-Quartett war stilecht ein Kakerlaken-Rennen, bei dem man auf die Tiere wetten konnte. Ich gewann erst, dann bekam meine ausgewählte Lake allerdings in der Startröhre Kinder. Und nicht zu wenige.

Patentverdächtig – S. 37
Und wer hat mal wieder nichts von seiner Erfindung? Icke. Typischer Newsletter, wie sie seitdem üblich sind: Ein vollkommen musikfreier Gedanke leitetet ein und dann kommen Plattentipps. Wir haben die Tipps im Buch manchmal, hier zum Beispiel, zugunsten der Lesbarkeit eliminiert.

Infos mit Honig: BOOKEND * AUDIOLITH * ESTUAR * ME SUCCEEDS – S. 38
Eine unerkannte Hommage an Tex Rubinowitz, strahlendster Stern der Witzbilderzunft. Wer die Bezüge findet, möge schweigen und genießen.

STELLA * KOZE * SOULKITCHEN DVD * DJ DSLs ST. PAULI-Kalender + 7" – S. 40
Man denkt, die Storys über die Promis habe ich mir ausgedacht? Nein. Stimmen alle.

1000 Robota * Herrenmagazin * Gentrifizierungsdingsbums! – S. 42
Anton, um den es hier geht, habe ich seit Jahren nicht mehr gesehen. Agiert wohl nun in Wien. Irgendwann wird er noch ganz groß rauskommen, die Sau!

Patrice * Fotos * Mutter * Ahoi Marie! – S. 44
Mit dem Finanzamt kann man übrigens »reden«.

Post von Gott – S. 46
Aus meinem unveröffentlichten Werk »Text Texte Texter«.

Darmstaedter/Begemann # Selig # Boy Division # Hafennacht – S. 48
Haha, ein Diss gegen ALDI. Ich hatte neulich das Vergnügen, Claims für eine neue Kampagne von ALDI Süd texten zu dürfen, die sie auf das Niveau von EDEKA o. ä. hieven sollte. Ist es gelungen? Noch weiß ich es nicht.

Jens Friebe * Rantanplan * 1000 Robota * Monopol live! – S. 50
Vögel sind übrigens, wie alle Tiere, symmetrisch. Im Unterschied zu Pflanzen.

Trost von Xrfarflight, Kreidler, Esslack und Meermaid!! – S. 54
Wie leicht sich so eine Depression liest. Und danach gleich ohne Umschweife »Kauft, Leute!«

The Story of L'Age D'Or * Robag Wruhme * Clouds-Hill-Box – S. 56
Bin ja großer Fan von Manufactum. Die Schinkenschneidemaschine für 12 000 Euro bleibt zwar ein ewiger Traum, aber der kostenlose Katalog enthält genug Inspiration für zwei wertige Leben. Es gibt sie noch, die guten Leben. Sie werden in einer Manufaktur im Ostharz hergestellt, nach altem, nur noch zwei Lebenden bekanntten, Rezept.

WIEN * KREISKY * DJ DSL – S. 59

Diese Geschichte habe ich in Wien wirklich erlebt. Unerreicht, deren Mischung aus Bosheit und Morbidität.

SUPERPUNK-TRIBUTE. Superpreise! ** 1000 Robota-Film!! ** – S. 62

3 Jahre vor EDEKAs »Supergeil«-Kampagne nehme ich den ganzen »Super«-Scheiß vorweg. Hätten die mich doch mal früher gefragt, die Werber-Schweine, das wäre super gewesen. Superduper.

ADA (auf Pampa) * neue LAID * Pop-up-Bücher * Badestöpsel (!) – S. 64

Tim Mälzer ließ über seinen Manager ausrichten, er sei not so amused und wir sollten das in der nächsten Rundmail doch bitte klarstellen, dass Tim dies nicht schrob. Eigentlich sind alle Sätze hier Zitate aus einem seiner Rezeptbücher.

MISS LI: Live in der Hanseplatte. – S. 66

So, wie es hier geschrieben steht, passiert es in Plattenläden tatsächlich noch. Jedenfalls in der Hanseplatte.

Gonzales/Koze * Max Goldt * Mariola Brillowska * Ricky Kings u. a.! – S. 68

Ja, die Welt ist fertig. Da mach ich einen Song für Deichkind draus.

Hanseplatte on tour – S. 70

In Abgrenzung zur Neuen Frankfurter Schule, die in den Puff von Paris fährt, fuhren wir nach Bayreuth. In Hongkong ist übrigens der Puff kaputt und alle Nutten gehen stempeln.

The Story of Fidel Bastro – S. 72

Hartnäckigstes Label Hamburgs, unzerstörbar. Dabei arbeiten die 40- bis 50-jährigen Kroschewski-Brüder tagsüber ganz normal in Fabriken oder Firmen. Legendär sind ihre Partys zu Hause, wo sie das Aquarium komplett mit Bowle füllen und von den Gästen austrinken lassen. Ich war leider nie da, ich musste die Fische in Obdach nehmen.

MUTTER. CÄTHE. LAWRENCE. TONIA REH. SUPERSHIRT. UDO. – S. 74

Das ist natürlich eine Hommage an Charlotte Roche, die in der Hanseplatte öfters Kopftücher kaufte. Sie erzählte mir mal, dass sie alle haptischen Kultur-Gegenstände aus ihrer Wohnung verbannt hätte. Alles nur noch digital: Bücher, Platten, Kunst. Für mich ein sehr unangenehmer Gedanke. Der fiktive Titel meines säuischen Buchs »Latrinenpredigt« hat komischerweise immer noch keinen Google-Eintrag. Verlage, bitte melden!

10 REGELN DES ROCK'N'ROLL * LIVE ST. HEMPEL! – S. 76

Ich kann mich nicht mehr erinnern, aber ein paar weitere Rock'n'Roll-Regeln haben Leser uns geschickt. Finde ich aber nicht mehr, leider.

Vorschlag zur Güte – S. 79

Jakob war (und ist) der neue Geschäftsführer der Hanseplatte. Er hat bei uns tatsächlich seine Ausbildung zum Veranstaltungskaufmann gemacht und dann den Laden übernommen. Man kann sich nichts Besseres vorstellen, man fühlt sich quasi wie ein Tierarzt, der seine Landpraxis an seinen Sohn weitergibt – in Zeiten, in denen es immer weniger Tiere gibt.

Fehler-Fun! – S. 81

Stark von meinem damaligen 3-Tages-Job in der Werbung beeinflusster Letter. Was dort darüber geredet wird, wie man Kreaviät erzeugt, wie überhaupt dort das Wort »Kreation« zuschanden geritten wird, sich von vermeintlich Unkreativen abgegrenzt wird, ist schon enorm. Bin seitdem allergisch gegen »Kreative«.

Der Sackbahnhof im Plakatdesign: Poster von Rocket & Wink – S. 83

Diesen beiden Designern habe ich in den Folgejahren noch so manches ihrer eigenen Hefte (»Whatever«) vollgeschrieben. Diese Hymne hier ahmt den Tonfall des brillanten Oliver-Maria-Schmitt-Werks »Das Urknall-Komplott« nach.

Live hier: * N. Husseini * Good Morning Diary * Schadow/Caster * – S. 85
Kleine Spitze gegen die Eventkultur. Musste auch mal sein. Bin auch für »Danach eventuell Geschlechtsverkehr«-Partys oder eine schöne »Talking-, Drinking-, Smoking-, iPhoning-Party«-Party! Penis Prosecco Pingopongo! Ja, gern.

DAS GLOCKENSEIL VON ST. STRESS – S. 88
Im Winter-Weihnachtstrubel denke ich seitdem immer an diese »perverse Wärme an Glastüren, die Sie einschleust«.

DIE STERNE * NEW BLACK COUPER DECALER ELECTRONIQUE * FINKENAUER – S. 90
Wahre Geschichte, im Stil des von mir sehr verehrten Ror Wolf geschrieben. Von dem kann man alles kaufen, es ist alles toll.

KATASTROPHENLITERATUR – S. 92
Noch eine literarische Reminiszenz: An den vergessenen Katastrophenskizzierer Hermann Harry Schmitz, Maler episch wahnsinniger Szenarien, gegen die ein Untergang eines Kreuzfahrtschiffs, weil der Kapitän in den Armen seiner Moldauer Geliebten jemandem auf einer nahen Insel winken will, gar nix ist. Obwohl …

DEICHKINDS NEUE PLATTE – S. 94
Ich schrieb die Linernotes zu dieser Platte, ein schönes Vergnügen. Und auf dieser finden sich dann mit »Leider geil« auch die ersten Spuren meiner jungen Songwriter-Karriere. Der Band danke ich sehr für diese Möglichkeit, endlich meinen Quatsch einem größeren Publikum anzubieten.

TOCOTRONIC * F. S. K. * MOHNA * PINGIPUNK * DILLON * JENS FRIEBE u. a. – S. 98
Erschien dann etwas verändert auch in der »Titanic« und hat als gesprochener Podcast tatsächlich einen silbernen Nagel des Art Directors Clubs (ADC) gewonnen.

30. 3.: FELIX KUBINs Orphée Mécanique. Live-Listening + Neukubine – S. 101
Die umtriebige Kunstprofessorin Mariola Brillowska meinte darauf-

hin zu Felix Kubin: »Du solltest ab jetzt den Text von Gereon für dein Info nehmen. Lass den anderen Quatsch.« Hat er aber nicht. Trotzdem erobert die Schöpfnudel weiter das All und die Welt.

Die HANSEPLATTE zieht um – S. 105
Diesen Aprilscherz nahmen sensationellerweise viele für bare Münze. Selbst das Hamburger Abendblatt und die Morgenpost.

Jan Delay. Frittenbude. F. S. K. Das Bierbeben. – S. 109
Mit einer leicht abgewandelten Version dieser wüsten Mischung aus Geklauten, Gehörtem, Gesagtem habe ich kurze Zeit später tatsächlich mal 500 Euro gewonnen. Der Chef der Hamburger Werbeklitsche Jung von Matt lobte via Aushang auf einem Werberkongress ebendiese Summe dafür aus, wer ihm denn die schönste Begründung schickte, warum er denn die 500 Euro verloren haben möge. Klingt kompliziert, aber ich schickte einfach dieses Sammelsurium hin – und gewann. Als er merkte, dass da nicht ein 20-jähriger Texter kam, den er für wenig Geld in seine Maschinerie einspeisen hätte können, sondern ein nur auf die 500 Euro fixierter armer alter Drückeberger, sagte er das persönliche Treffen leider ab. Ich hätte dem Typen, den alle in der Werbung fürchten oder hassen, gerne mal gegenübergesessen. Das Geld bekam ich mitsamt einem Jung-von-Matt-Speedball-Set (Mischung aus Badminton und Squash, spitze) von einer Sekretärin.

PALMINGER & KINGS OF DUBROCK: FETTUCCINI-LP/CD + Ladengig + Tour – S. 114
Schöner Text, so müssen Promotexte sich lesen. Er ist leider weitgehend nicht von mir, sondern von Booty Carrell alias Sebastian Reier, der immer noch die besten Newsletter Deutschlands verfasst: für Groove City, wo er manchmal arbeitet. Ich empfehle sehr, diesen zu abonnieren, es ist jedes Mal hellste Freude!

Bonaparte. Tocotronic. La Boum Fatale. HH-Küchensessions. Keine Zähne im Maul ... – S. 116
»Dem immerwährenden Zyklus entkommt keine Hebamme«, so sagt man? Sagt man bis heute nicht, kommt aber noch.

BRATZE * ROBAG WRUHME * 206 * ZUCKER/TRÜMMER – S. 119

Wieder mal ein Newsletter, der schön vermessen kurz alles will: Menschenkritik, Weltkritik, Stilkritik.

TAG DER GECOVERTEN TÜREN – S. 121

Das Berliner Label Staatsakt, um das es hier geht, ist seit Jahren beste Adresse für inspirierendste Musiken, Codes, Styles, Skillz. Der Chef, Maurice Summen, ist ein geiler Typ, er kann quasi alles. Wer sich sein (und das anderer) »Gubener Manifest« durchliest, was erstaunlicherweise zu wenig Aufmerksamkeit bekam, der erfährt mehr Richtiges als ein Jahrgang FAZ oder taz bieten. Und seine Band Die Türen ist auch große Klasse.

Bernadette Hengst * Harry Rowohlt * Boy Division * Umberto Echo * Pollen – S. 123

»Echt lustig.« (Gereon Klug)

JOHN SINCLAIR * CAPTAIN PLANET * SOUNDS OF SUBTERRANIA – S. 125

Irgendwie war ich zu den Zeiten oft säuisch unterwegs – rein textlich.

Produktverbesserung – S. 127

Pidgin ist das echte Englisch.

Das Geheimnis des Erfolgs – S. 129

Das war eine Parodie auf ein Interview mit einem Möbeldesigner, die sich mit solchen Formulierungen zahllos weltweit wichtig machen. Ebenso wie Architekten, Webdesigner, Teppichentwerfer, Lampenschaffer, Vasenkreateure und wasweißich.

AUDIOLITH # WENZEL STORCH # BEGEBERND # ALMEDAHL # ST. PAULI – S. 131

Demnächst sicher auch im TV: »Die Abrater – Warenprofis testen Geschäfte«.

NRFB – S. 133

Da kamen recht viele zustimmende Antworten. Kulturkritik geht halt immer, man wird nicht jünger, nicht mal die Jungen.

5 Anekdoten aus dem Leben des DJ Koze – S. 135
Ich durfte 2014 dann die Laudatio auf Koze beim Hamburger Musikpreis HANS halten und habe mich dieser Anekdoten natürlich bedient. Eingestiegen bin ich allerdings mit der Geschichte, dass Koze seit Jahrzehnten jeden erst mal gern fragt, ob man sich denn heute »schon in den Arsch reingekackt« habe. Das Gesicht der erste Reihe sitzenden Kultursenatorin sprach enzyklopädische Bände des Entsetzens.

TURBOSTAAT # BENJAMIN BRUNN # HÖRSPIELE # VINYLCHEN – S. 139
Wurde von der »Titanic« mit den Worten »Doch etwas ZU sehr ermüdend« abgelehnt.

Newsletter als Newsletter – S. 141
Metawitzig. Fand nicht jeder lustig. Es gab erstaunlich viele genervte Reaktionen. Naja. So drei zirka.

Sehr Wissenswertes über Tonträger – S. 142
Inzwischen ist die Schallplatte ja wieder hippes Mitsichrumtrage-Gut, obwohl zu 98% nur der Download-Code benutzt wird. Das Auf und Ab und Wieder-Auf von Vinyl in den letzten 20 Jahren ist schon enorm. Gewonnen hat das schwarze Gold aber erst, wenn dein Zahnarzt nicht mehr fragt: »Neue Schallplatten, das gibt's noch?« und Helene Fischer aus irgendwelchen Gründen (»Vinyl war immer mein atemloser Traum«) auch wieder Platten anbietet. Ach, gibt's beides schon? Also tja naja.

Wiki und die starken Fakten – S. 145
Der Versuch, diesen vermeintlichen Wikipedia-Artikel bei Wikipedia zu platzieren scheiterte an was mir Unbekanntem.

Pudel Produkte 20 + Johnny Mauser + Hallo Werner Clan – S. 148
Nochmal ziemlich Rubinowitzig. Es gibt keinen besseren Listenersteller.

Denkanstöße für die KW 29 – S. 154
Schon wieder der Pferde-auf-Autobahnbrücken-Gedanke. Scheint mich immer noch zu beschäftigen.

Helena Hauff * Thees Uhlmann * Me Suceeds * Harry Rowohlt – S. 156
Wie einfach das ist, einen Riemen nur mit Fragen zu füllen! Padgett Powell hat das mit seinem »Roman in Fragen« gemacht, irgendein Schlechterer macht es im ZEIT-Magazin. Ich bedauere sehr, darauf nicht früher gekommen zu sein, das wäre leichtgefragtes Geld.

Goldene Zitronen. Patrice. Lawrence. HH Küchensessions. Helena Hauff. Schwellenbach. – S. 158
Endlich geht's mal wieder um Musik oder es wird jedenfalls so getan als ob.

Aufs Klo – S. 160
Die Story ist leider auch wahr. Der Kollege, der sie mir erzählte, hat sie genau so erlebt und erlebt dort ständig so was: Diese reichen Arschgeigen lassen sich zum Beispiel an Heiligabend ungelogen Gänse mit der Lufthansa kommen, damit sie schön frisch sind. Zugvögel zum Braten mit dem Kranich 1. Klasse nach Hamburg fliegen lassen! Und sie lassen ihre Kinder mit den Hummern vor dem Wurf in den Kochtopf auf der Wiese spielen, damit die Tiere »besser durchblutet« sind. Es ist ein Wahnsinn.

Trümmer 7" # Jonnie Schulz # Junius Verlag – S. 162
Hatte kurz zuvor eine Bambi-Verleihung gesehen, auf der der Moderator die Barbara Schöneberger ankündigt, die Robbie Williams ankündigt, der Pep Guardiola ankündigt, der für Jupp Heynckes eine Laudatio hielt, in der er seiner Frau dankte.

Die Heiterkeit * Bürgermeister der Nacht * Audiotlith 7" * Konzerte – S. 172
Mein pubertäres Ziel, mindestens einmal im Handelsblatt, der FAZ, SPEX, titanic, de:bug und dem Kicker etwas zu publizieren, erreichte ich übrigens vor ca. 5 Jahren, als der Kicker einen Anti-Hoeneß-Leserbrief von mir abdruckte, den ich aus den gängigen Ressentiments gegen diesen Mann zusammenstrickte. Wenn ich es jetzt doch noch in die Beef!, die Gala, die ZEIT und auch den Blinker schaffen würde!

Die letzte Geschichte – S. 184
Soll sich im Schwabing der Endsiebziger wirklich so zugetragen haben, wie mir Eva von trikont mal vor Jahren kolportierte.

PUDEL PRODUKTE 1 – S. 193
Dieser Text stammt mit freundlicher Erlaubnis von Gerd Ribbeck, meinem leuchtenden Vorbild. Die Fake-Rezensionen sind von mir.

PUDEL PRODUKTE 2 – S. 198
Wieder sind die Besprechungen extra von mir geschrieben, erst ab der dritten Folge haben wir wirklich welche bekommen.

PUDEL PRODUKTE 3 – S. 204
PUDEL PRODUKTE 4 – S. 207
Beides tolle Platten im übrigen!

OPERATION PUDEL 2006 – S. 210
Die Einleitung ist von Schorsch Kamerun, dem Doyen des Golden Pudel Clubs.

PUDEL PRODUKTE 5 & 6 – S. 214
Hier war auch wieder der große Gerd Ribbeck beteiligt.

PUDEL PRODUKTE 7 – S. 217
In meinen Augen noch heute grandioser Marketing-Clou: so zu tun, als wäre man Opfer einer Bootleg-Mafia. Das Cover haben wir einfach auf den Kopierer gelegt und schlecht geändert. Hat die Techno-Presse sogar geglaubt.

PUDEL PRODUKTE 12 – S. 222
Hommage an den großen und weitgehend vergessenen Dichter Paul Scheerbart, den es zu entdecken gilt. Er hat sogar den Glasbaustein erfunden.

OPERATION PUDEL 2010 – S. 224
Damit der Weltmarkt auch endlich mal Notiz nimmt, fragt man am besten das multilinguale Brummbienchen Harry Rowohlt nach einer Übersetzung. Wir faxten dem Mann, von dem man raunt, seine Über-

tragungen ins Deutsche seien besser als das jeweilige Original, kurzerhand die Linernotes. Zwei (2) Stunden später kam ohne jeden Kommentar die Übersetzung. Wir drucken sie ab, weil jeder Harry Rowohlt abgedruckt gehört und ich seitdem ein »Einziger Autor, den der weltbeste Übersetzer Harry Rowohlt vom Deutschen ins Englische übersetzt hat und nicht umgekehrt« im Titel tragen kann.

Das Buch ist meiner Liebe Eva gewidmet.
Eine Frau, für die das Wort Frau erfunden wurde.